Jahreszeiten
mit Gabi Wolpensinger
Herbst / Winter
für den Thermomix TM31

Urheberrechte für die Rezeptsammlung liegen bei **Gabi Wolpensinger**
Veröffentlichungsrechte:
2013 Versand- u. Verlagsbuchhandlung Michaela Keller

Lektorat und Redaktion: Michaela Keller
Verlag: Versand- und Verlagsbuchhandlung Michaela Keller, Im Gaiern 10, 71287 Weissach-Flacht

Internet: http://**www.tm-kochbuch.de**
E-mail: info@keller-versandbuchhandlung.de

Satz, Layout und Druck:
Versand- und Verlagsbuchhandlung Michaela Keller
Bildmaterial auf dem Umschlag: © Gabi Wolpensinger
Bildnachweis Innenseiten: Alle Rezeptbilder © Gabi Wolpensinger

ISBN 978-3-942777-11-7
1. Auflage November 2013

Hinweis:
Die vorliegenden Rezepte können mit der Küchenmaschine Thermomix TM 31 zubereitet werden.
Alle in diesem Buch enthaltenen Angaben, Daten, Ergebnisse etc. wurden von der Autorin nach bestem Wissen erstellt und von ihr und dem Verlag mit größtmöglicher Sorgfalt überprüft. Eine Verantwortung und Haftung für etwaige inhaltliche Unrichtigkeiten kann jedoch nicht übernommen werden. Der Haftungsausschluss gilt nicht, soweit nach dem Produkthaftungsgesetz für Personen- und Sachschäden gehaftet wird. Jeder Leser muss beim Umgang mit den genannten Stoffen, Materialien, Geräten usw. Vorsicht walten lassen, Gebrauchsanweisungen und Herstellerhinweise beachten sowie den Zugang für Unbefugte verhindern

Tipps und Infos:

- **Klebt der Teig** nach dem Umfüllen am Messer, den Mixtopf nochmals einsetzen und 2 Sekunden / Stufe 7 hochdrehen. Der Teig wird dadurch an die Topfwand geschleudert und kann mit dem Spatel besser entnommen werden.

- Die **Backofentemperaturen** können von Ofen zu Ofen etwas variieren. Bitte auf die eigenen Erfahrungen achten! Bessere Backergebnisse erhalten Sie immer mit Ober-/Unterhitze statt mit Umluft.

- Bei **Weizenallergie** kann man das Weizenmehl Type 405 gegen Dinkelmehl Type 630 und Weizenmehl Type 1050 gegen Dinkelmehl Type 1050 austauschen.

- **Rührteige** dürfen nicht zu lange gerührt werden. Die angegebenen Zeitangaben unbedingt einhalten, sonst wird der Teig „überrührt" und der Kuchen nach dem Backen „speckig"!

- Alle **Zutaten für einen Mürbteig** sollten kalt sein. Mürbteige nicht zu lange rühren. Ansonsten wird die Butter warm und dadurch der Teig zu feucht! Der Teig soll krümelig sein, wenn er auf die Arbeitsmatte umgefüllt wird. Von Hand kurz zusammenkneten, eine Kugel formen und in Frischhaltefolie eingepackt 1 Stunde kalt stellen. Erst dann weiterverarbeiten.

- **Bei Teigen mit Backpulver:** Das Mehl in den Mixtopf abwiegen, das Backpulver zugeben und mit dem Spatel unter das Mehl mischen. Nie direkt Flüssigkeit auf das Backpulver geben.

- Bei **Hefeteigen** lauwarmes Wasser (25°-28°C) verwenden. Die Hefe immer in die Flüssigkeit geben.

- Hefeteige nach dem Kneten eine Zeitlang zugedeckt ruhen lassen. Wir empfehlen immer das **Gärtuch** zum Zudecken; es garantiert ein besseres Klima in Bezug auf Temperatur und Feuchtigkeit im Vergleich zum einfachen Geschirrtuch.

- **Rundwirken** - beschreibt das Formen des Teiges, meistens bei rundem Brot oder Brötchen. Der Teigling wird dabei immer mit dem Handballen der rechten Hand (beim Rechtshänder) leicht nach aussen gezogen und zur Mitte eingeklappt. Dann wird der Teigling mit der linken Hand im Uhrzeigersinn nach rechts ein kleines Stückchen gedreht und wieder mit der rechten Hand nach aussen gezogen und in die Mitte eingeklappt. Dies wiederholt man ca. 2 x im Kreis. Das Ergebnis ist oben in der Mitte eine Falte und eine glatte und straffe Unterseite. Mit der Falte nach oben wird der Teigling in das Gärkörbchen zum Ruhen gesetzt.

- **Einschießen** - so wird das Reinschieben des Teiglings in den heißen Backofen bezeichnet.

- **Sahne zu schlagen** gelingt am besten auf Stufe 10 ohne Rühraufsatz im kalten Mixtopf. Sobald sich Konturen am Mixtopfrand bilden, sofort abschalten. Auch das Messergeräusch verändert sich in diesem Moment.

Die besten Ergebnisse beim Backen erhält man, wenn ....

❄ der Teig lange genug geknetet wird: mindestens 4 Minuten!

❄ man dem Teig Zeit lässt, damit er aufgehen kann: optimal ist, wenn sich das Volumen verdoppelt hat!

❄ das Salz beim Einfüllen nicht direkt mit der Hefe in Berührung kommt!

❄ man den Teig nach dem Aufgehen nochmals knetet!

❄ man den Hefeteig in den vorgeheizten Backofen schiebt, so dass sich die Poren schnell schließen können und die Teigoberfläche nicht so schnell austrocknet.

❄ man einen Backstein verwendet, dann werden Brot/Brötchen knuspriger. Nur muss man darauf achten, dass er immer auf der untersten Schiene eingeschoben werden sollte.

❄ man verwendet kleine Mengen von Hefe! 5 g Hefe reichen für ein Brot aus. Die Gärzeit verlängert sich, der Teig benötigt einige Stunden um sich zu verdoppeln. Dafür erhalten Sie ein deutlich schmackhafteres Brot.

❄ man die Teige von Hand auf einem Gärtuch statt einer Arbeitsmatte knetet. Das Tuch leicht bemehlen, nicht zu viel Mehl über den Teig streuen. Beim Kneten die Hände leicht bemehlen. So vermeidet man, dass der Teig zu trocken wird.

Von uns verwendete Küchenhelfer:

Gärkörbchen	Mini-Kastenform	Springform-Einleger	Kastenform-Einleger
Silikon-Arbeitsmatte	Gärtuch	Brötchenstempel	Pizzastein

Herbst

Kürbis-Champignon-Salat

150 g Kürbisfleisch, ohne Schale, in Stücken
100 g Emmentaler, in Stücken
10 g Zitronensaft
5 g Akazienhonig
20 g Balsamicoessig bianco
15 g Olivenöl
Salz & Cayennepfeffer

Alle Zutaten in den Mixtopf geben und **10 Sekunden / Stufe 5** zerkleinern.

50 g Champignons

putzen, in Scheiben schneiden, in den Mixtopf geben und **10 Sekunden / Linkslauf / Stufe 1** untermischen.

100 g Feldsalat

putzen, waschen, in einer Glasschüssel verteilen und den Inhalt des Mixtopfes dazugeben.

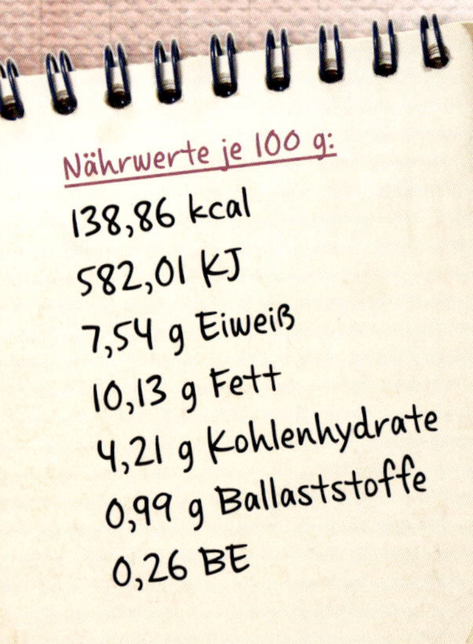

Nährwerte je 100 g:

138,86 kcal

582,01 KJ

7,54 g Eiweiß

10,13 g Fett

4,21 g Kohlenhydrate

0,99 g Ballaststoffe

0,26 BE

6

Salate

Fenchel-Birnen-Rohkost

2 Birnen entkernt, mit Schale
1 kleiner Fenchel, in Stücken
1 Bund Radieschen
15 g Balsamicoessig bianco
15 g Olivenöl
Salz & Cayennepfeffer

Alle Zutaten in den Mixtopf geben und **5 Sekunden / Stufe 4-5** zerkleinern.

In eine Salatschüssel umfüllen.

200 g Schafskäse

würfeln und unter den Rohkostsalat heben.

Nährwerte je 100 g:

107,96 kcal

452,62 KJ

5,27 g Eiweiß

7,10 g Fett

5,94 g Kohlenhydrate

2,12 g Ballaststoffe

0,45 BE

Tomatenreis-Salat

Den Garaufsatz locker mit Alufolie auslegen !

Je 1 rote und gelbe Paprika — halbieren, entkernen, waschen und in Streifen schneiden. In die Alufolie im Garaufsatz verteilen.

100 g Möhren — schälen, in dünne Stifte schneiden und zugeben.

30 g Apfelessig
10 g Olivenöl
1 TL gekörnte Gemüsebrühe
Pfeffer — über dem Gemüse verteilen.

500 g heißes Wasser
2 geh. TL gekörnte Gemüsebrühe
1 Dose Pizzatomaten (400 g) — in den Mixtopf geben. Das Garkörbchen einsetzen.

150 g Reis — in das Garkörbchen geben. Den Topfdeckel verschließen, den Garaufsatz aufsetzen und **30 Minuten / Garstufe / Stufe 2** kochen.

Das gegarte Gemüse mit dem Garsud aus der Alufolie in eine Salatschüssel umfüllen. Den Tomatenreis etwas abgekühlt zugeben.

125 g Mozzarella, gewürfelt
50 g mittelalter Gouda, gewürfelt
100 g Kirschtomaten, halbiert — zugeben und kurz vermischen.

Mit Rosenpaprika, Salz, Pfeffer — abschmecken.

Nährwerte je 100 g:
90,47 kcal
379,01 KJ
3,96 g Eiweiß
3,60 g Fett
10,18 g Kohlenhydrate
1,45 g Ballaststoffe
0,85 BE

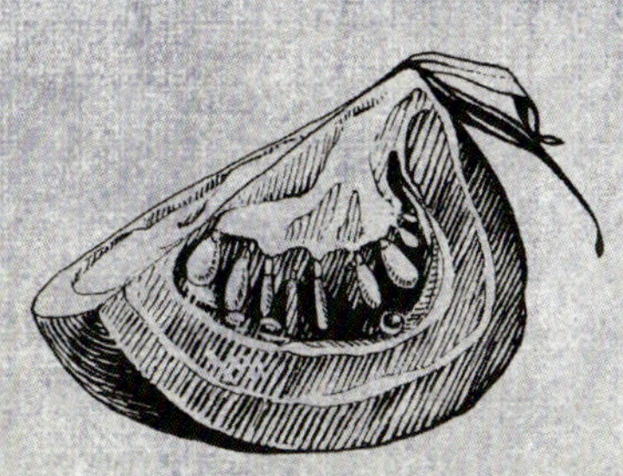

Paprikasuppe

Je 1 rote und gelbe Paprika — vierteln, Kerngehäuse entfernen, waschen und in den Mixtopf geben. **8 Sekunden / Stufe 4** zerkleinern. Umfüllen.

1 Knoblauchzehe
1 Zwiebel, halbiert
1 rote Chilischote — in den Mixtopf geben und **5 Sekunden / Stufe 5** zerkleinern.

20 g Olivenöl — zugeben und **3 Minuten / Garstufe/ Stufe 1** andünsten.

3/4 der Paprikawürfel — zugeben und **2 Minuten / Garstufe/ Stufe 1** dünsten.

100 g Prosecco
500 g heißes Wasser
200 g Sahne
20 g gekörnte Hühnerbrühe
Pfeffer, 1/2 TL Kurkuma
20 g Rohrzucker
Salz & Cayennepfeffer — zugeben. **12 Minuten / 100°C / Stufe 2** kochen.

50 g Crème fraîche — zugeben und **10 Sekunden / Stufe 10** pürieren.

restliche Paprikawürfel — Suppe mit den restlichen Paprikawürfeln servieren.

Nährwerte je 100 g:

96,75 kcal

404,81 KJ

1,18 g Eiweiß

7,88 g Fett

4,13 g Kohlenhydrate

0,99 g Ballaststoffe

0,34 BE

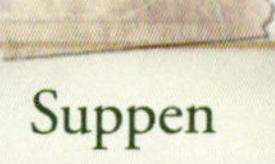
Suppen

Brokkoli-Tomatensuppe

1 Handvoll Petersilie + Basilikum
50 g Parmesan

in den Mixtopf geben und **10 Sekunden / Stufe 10** zerkleinern. Umfüllen.

500 g Brokkoli

putzen, in Röschen teilen und in den Garaufsatz geben.

1 Knoblauchzehe
2 Frühlingszwiebeln, in Stücken

in den Mixtopf geben und **5 Sekunden / Stufe 5** zerkleinern.

20 g Olivenöl

zugeben und **3 Minuten / Garstufe / Stufe 1** dünsten.

1 Dose Pizzatomaten (ca. 400 g)
800 g heißes Wasser
3 geh. TL gekörnte Gemüsebrühe
Pfeffer
30 g Tomatenmark

zugeben, würzen, das leere Garkörbchen einhängen , den Mixtopf verschließen. Den Garaufsatz aufsetzen. **20 Minuten / Garstufe / Stufe 2** kochen. Den Garaufsatz abnehmen und die Brokkoliröschen warm stellen.

80 g Hörnchennudeln

in das Garkörbchen geben. **12 Minuten / 100°C / Stufe 1** garen.

Die Suppe mit Brokkoli und Kräuterparmesan sofort servieren!

Nährwerte je 100 g:

47,95 kcal

201,10 KJ

2,49 g Eiweiß

2,27 g Fett

4,26 g Kohlenhydrate

1,11 g Ballaststoffe

0,35 BE

550

Kürbiscremesuppe

2 Frühlingszwiebeln, in Stücken — in den Mixtopf geben. **5 Sekunden / Stufe 5** zerkleinern . Die Stückchen mit dem Spatel vom Topfrand nach unten schieben.

20 g Butter — zugeben und **2 Minuten / Garstufe / Stufe 2** erhitzen.

200 g Zucchini
200 g Kartoffeln, geschält — in großen Stücken in den Mixtopf geben (Bild 1). **5 Sekunden / Stufe 5** zerkleinern.

700 g heißes Wasser
3 geh. TL gekörnte Gemüsebrühe
Pfeffer
100 g Roséwein
500 g Hokkaido, gewürfelt — zugeben und **25 Minuten / 100°C / Stufe 2** kochen (Bild 2).

Dann **15 Sekunden / Stufe 9** pürieren.

200 g Frischkäse
1 EL Schnittlauch, in Röllchen geschnitten
10 g Aceto balsamico — zugeben. Weitere **2 Minuten / 100°C / Stufe 2** erhitzen.

Mit Salz, Pfeffer, Cayennepfeffer abschmecken.

Croutons:

1 altes Brötchen — in kleine Würfel schneiden.

10 g Parmesan
1 Knoblauchzehe — in den Mixtopf geben. **5 Sekunden / Stufe 10** zerkleinern.

1 Ei, Gr. M
Pfeffer — zugeben und **5 Sekunden / Stufe 4** mischen. Brotwürfel zugeben und **15 Sekunden / Linkslauf / Stufe 1** mischen.

Mit 1 EL Olivenöl — in einer beschichteten Pfanne knusprig ausbacken (Bild 3).

Die Suppe mit den Croutons servieren!

Nährwerte je 100 g:

72,76 kcal

304,49 KJ

2,60 g Eiweiß

4,47 g Fett

4,48 g Kohlenhydrate

0,65 g Ballaststoffe

0,36 BE

1
2
3

Champignon-Weißwein-Suppe

1 Knoblauchzehe 1 Zwiebel, halbiert	in den Mixtopf geben und **5 Sekunden / Stufe 5** zerkleinern. Mit dem Spatel vom Topfrand nach unten schieben.
50 g Butter	zugeben.
200 g Champignons	geputzt und halbiert zugeben. **4 Minuten / Garstufe / Stufe 1** dünsten.
750 g heißes Wasser 20 g gekörnte Hühnerbrühe 150 g Weißwein	zugeben und **12 Minuten / 100°C / Stufe 1** kochen.
200 g Sahne 50 g Weizenmehl Type 405	zugeben und **10 Sekunden / Stufe 7** pürieren. **3 Minuten / 100°C / Stufe 3** erhitzen.
Mit Salz & Pfeffer 1 EL Petersilie	abschmecken.
1 Eigelb	zugeben und **5 Sekunden / Stufe 6** verrühren. Servieren!

Nährwerte je 100 g:

87,90 kcal

367,78 KJ

1,60 g Eiweiß

7,53 g Fett

3,58 g Kohlenhydrate

0,47 g Ballaststoffe

0,29 BE

Suppen

Kürbistopf mit Schafskäse

1 Knoblauchzehe
1 Zwiebel, halbiert
1 rote Paprika, in Stücken

in den Mixtopf geben und **5 Sekunden / Stufe 5** zerkleinern.

20 g Olivenöl

zugeben und **3 Minuten / Garstufe / Stufe 1** dünsten.

250 g Kürbis

würfeln und zugeben.

250 g Kartoffeln, geschält
100 g Gurke, geschält

in Scheiben schneiden, zugeben.

800 g heißes Wasser
20 g gekörnte Gemüsebrühe
Thymian, Majoran, Basilikum
Cayennepfeffer

Wasser mit Gewürzen zugeben und **15 Minuten / 100°C / Linkslauf / Stufe 1** kochen.

1 Dose Kichererbsen (ca. 400g)
1 Dose Kidneybohnen (ca. 400g)

abgetropft zugeben und nochmals **10 Minuten / 100°C / Linkslauf / Stufe 1** kochen.

200 g Schafskäse

würfeln, in den Tellern verteilen und Eintopf darüber verteilen.

Nährwerte je 100 g:
63,74 kcal
266,46 KJ
3,51 g Eiweiß
2,91 g Fett
5,66 g Kohlenhydrate
1,76 g Ballaststoffe
0,47 BE

Gemüsetopf mit Käsesoße

600 g Kartoffeln — schälen, waschen, vierteln und in das Garkörbchen geben.

Brokkoli, Blumenkohl, Kohlrabi (500 g insgesamt) — zerkleinern und im Garaufsatz verteilen.

250 g Champignon — putzen, in Scheiben schneiden und im Einlegeboden des Garaufsatzes verteilen.

1 rote Paprika — in Streifen schneiden, in den Einlegeboden zugeben.

1/4 Gurke (ca. 100 g) — schälen, in Scheiben zum Paprika geben.

1 TL gekörnte Gemüsebrühe & Butterflöckchen — über dem Gemüse verteilen.

1/2 Liter Wasser
2 TL gekörnte Gemüsebrühe — in den Mixtopf geben. Garkörbchen einsetzen, den Topfdeckel schließen, Garaufsatz aufsetzen; bei **25 Minuten / Garstufe / Stufe 2** garen.

Soße:

Garsud — im Mixtopf lassen.

100 g Frischkäse
Pfeffer
30 g Weizenmehl Type 405 — Alle Zutaten für die Soße in den Mixtopf zugeben und **3 Minuten / 100°C / Stufe 2** rühren.

Nährwerte je 100 g:

66,32 kcal
276,80 KJ
2,51 g Eiweiß
2,94 g Fett
7,14 g Kohlenhydrate
2,16 g Ballaststoffe
0,59 BE

Im Garaufsatz

Hähnchen mit marinierten Äpfeln

Hähnchengewürz:

Schale von 1 unbehandelten Zitrone
2 TL Cayennepfeffer
100 g Meersalz

in den Mixtopf geben und **5 Sekunden / Stufe 7** vermischen. Umfüllen. In einem Schraubglas aufbewahren.

Ingwerbutter:

1 Knoblauchzehe
5 g frischen Ingwer

in den Mixtopf geben und **5 Sekunden / Stufe 9** zerkleinern. Die Stückchen mit dem Spatel nach unten schieben.

10 g Butter

zugeben und **2 ½ Minuten / Garstufe / Stufe 1** dünsten. 10 Minuten abkühlen lassen.

120 g Butter, in Stücken
1/2 gestr. TL Salz
Pfeffer

zugeben und **10 Sekunden / Stufe 6** mischen. Umfüllen und kalt stellen.

Kartoffelbrei:

800 g Kartoffeln (mehlig)

schälen, waschen, würfeln und in den Mixtopf geben.

300 g Vollmilch
1 gestr. Tl Salz
40 g Butter

zugeben und **10 Minuten / Garstufe / Linkslauf / Stufe 1** kochen. Dann nochmals ca. **20 Minuten / 100°C / Stufe 1** weiter kochen, bis die Kartoffeln zerfallen.

Mit Salz, 3 Prisen Muskat

abschmecken und warm halten.

Hähnchen:

Den Garaufsatz mit Alufolie auslegen.

4 Hähnchenbrustfilet (ca. 600 g) von Sehnen befreien und flach schneiden.

1 TL Hähnchengewürz (Seite 17)
Olivenöl

Die Fleischstücke beidseitig mit dem Gewürz und Öl einreiben. In wenig Öl in einer Pfanne beidseitig kurz scharf anbraten. In den Garaufsatz legen.

1 Bund Frühlingszwiebeln putzen und in 4 cm-lange Stücke schneiden. Zum Fleisch geben.

2 säuerliche Äpfel (z.B. Topaz) entkernen, achteln und zugeben.

50 g Balsamicocreme
2 TL gekörnte Gemüsebrühe
150 g Wasser
15 g Rohrzucker

in den Mixtopf geben und **4 Minuten / Garstufe / Stufe 2** erhitzen. Über das Fleisch verteilen.

350 g heißes Wasser
1 TL gekörnte Gemüsebrühe

in den Mixtopf geben. Den Mixtopf verschließen und den Garaufsatz aufsetzen. **18 Minuten / Garstufe / Stufe 2** garen.

Die Alufolie durchstechen und so den Sud in der Folie zum Garsud im Mixtopf durchlaufen lassen.

15 g Weizenmehl Type 405 zum Garsud geben und **3 Minuten / 100°C / Stufe 4** binden.

Das Hähnchen mit Ingwerbutter, Kartoffelbrei, Äpfeln und Soße anrichten.

Info: Die Nährwerte wurden mit 30 g Ingwerbutter und 2 g Hähnchengewürz berechnet.

Nährwerte je 100 g:

92,14 kcal

371,64 KJ

7,11 g Eiweiß

3,33 g Fett

8,15 g Kohlenhydrate

0,98 g Ballaststoffe

0,61 BE

Natural
PRODUCT

Fisch in Orangenmarinade

250 g Reis	ins Garkörbchen geben.
2 Frühlingszwiebeln	in Röllchen geschnitten unter den Reis mischen.
2 Handvoll Basilikum je 1/2 TL Meersalz und Pfeffer Schale von 1 Bio-Orange	in den Mixtopf geben und **5 Sekunden / Stufe 7** zerkleinern.
20 g Olivenöl	zugeben und weitere **3 Sekunden / Stufe 3** mischen.
	Den Garaufsatz mit Alufolie auslegen.
500 g Kabeljaufilet (frisch oder gefrorenen Fisch heiß abwaschen) Weißweinessig	mit säuern. In den Garaufsatz legen und beidseitig mit der oben zubereiteten Orangenmarinade einreiben.
1 Brokkoli (ca. 500 g)	in Röschen teilen, waschen und über den Fisch verteilen.
200 g Champignons	putzen, in Scheiben schneiden und über den Brokkoli verteilen.
2 TL gekörnte Gemüsebrühe Butterflöckchen	über das Ganze verteilen.
1 Knoblauchzehe	in den Mixtopf geben und **5 Sekunden / Stufe 5** zerkleinern.
10 g Rohrzucker 10 g Butter	zugeben. **2 ½ Minuten / Garstufe / Stufe 2** dünsten.
900 g heißes Wasser 3 geh. TL gekörnte Gemüsebrühe Saft von 2 Orangen	Restliche Zutaten zugeben, das Garkörbchen einhängen, den Mixtopf verschließen und den Garaufsatz aufsetzen. **35 Minuten / Garstufe / Stufe 2** garen.

Für die Soße:

Garsud 30 g Weizenmehl Type 405	im Mixtopf lassen. Eventuell auf 500 g mit Wasser auffüllen. zugeben und **3 Minuten / 100°C / Stufe 4** erhitzen.
Mit Chilipulver, Salz	abschmecken und servieren.

Im Garaufsatz

Nährwerte je 100 g:
97,90 kcal
409,38 KJ
6,17 g Eiweiß
3,34 g Fett
10,49 g Kohlenhydrate
0,94 g Ballaststoffe
0,87 BE

Reistopf mit Tomatensoße

120 g mittelalter Gouda	in den Mixtopf geben, **8 Sekunden / Stufe 6** zerkleinern.
	Umfüllen.
1/2 Liter Wasser 3 TL gekörnte Gemüsebrühe 1 Dose Tomaten (400 g)	in den Mixtopf geben. Den Mixtopf schließen und den Garaufsatz aufsetzen.
250 g Reis	im Garaufsatz verteilen.
300 g Hähnchenbrustfilet	in Streifen schneiden.
Mit Kräutersalz & Pfeffer	gut würzen, über dem Reis verteilen.
2 große Möhren	in Scheiben geschnitten über dem Fleisch verteilen (Bild 1).
1 Dose Tomaten (400 g)	darüber verteilen.
Mit 1 TL gekörnter Gemüsebrühe Pfeffer	würzen.
250 g Champignon, geputzt 2 Frühlingszwiebeln 1 Mozzarella	Alles in Scheiben schneiden (Bild 2) und auf den Tomaten verteilen.
Mit Salz und Pfeffer	nochmals würzen (Bild 3).
Zerkleinerten Gouda	darüber verteilen und **30 Minuten / Garstufe / Stufe 2** garen.

Soße:

Garsud	für die Soße im Mixtopf lassen.
100 g Sahne Pfeffer 20 g Weizenmehl Type 405	Restliche Zutaten zugeben und **3 Minuten / 100°C / Stufe 4** verrühren.

Nährwerte je 100 g:
102,07 kcal
427,26 KJ
6,86 g Eiweiß
3,93 g Fett
9,57 g Kohlenhydrate
1,03 g Ballaststoffe
0,79 BE

Soßenbinder

rot:

80 g kalte Butter
100 g Weizenmehl Type 405
40 g Tomatenmark

in den Mixtopf geben und **10 Sekunden / Stufe 6** mischen.

grün:

1 Knoblauchzehe
1 Handvoll frische Kräuter

in den Mixtopf geben und **3 Sekunden / Stufe 7** zerkleinern. Die Stückchen mit Hilfe des Spatels von den Wänden nach unten schieben.

100 g kalte Butter
110 g Weizenmehl Type 405
1/2 TL Meersalz
1/2 TL Pfeffer

zugeben und **8 Sekunden / Stufe 6** mischen.

Aus der Masse jeweils 3 cm-große Kugeln formen. In einer flachen Form nebeneinander einfrieren. Nach Bedarf 2-3 gefrorene Kugeln zum Andicken von Suppen und Soßen verwenden.

Nährwerte je 100 g (rot)
439,27 kcal
1839,27 KJ
5,45 g Eiweiß
31,20 g Fett
34,75 g Kohlenhydrate
3,24 g Ballaststoffe
2,89 BE

Nährwerte je 100 g (grün):
511,42 kcal
2141,40 KJ
5,31 g Eiweiß
38,76 g Fett
36,25 g Kohlenhydrate
3,18 g Ballaststoffe
3,02 BE

Gewürze

Grünes Tomatenwürzsalz

2 Knoblauchzehen
35 g Basilikum
Schale von einer 1/2 Zitrone

in den Mixtopf geben und **5 Sekunden / Stufe 7** zerkleinern. Die Stückchen mit dem Spatel nach unten schieben.

150 g Meersalz

zugeben und **5 Sekunden / Stufe 7** mischen.

Auf einem mit Backpapier ausgelegten Backblech verteilen und ca. **90 Minuten im Backofen bei 50°C Ober- / Unterhitze** trocknen. Damit die Feuchtigkeit entweichen kann, einen Kochlöffel in die Backofentür klemmen. Zwischendurch das Würzsalz durchmengen. Falls nötig die Trocknungszeit verlängern.

Das getrocknete Salzmischung nochmals in den Mixtopf geben und **5 Sekunden / Stufe 8** zerkleinern.

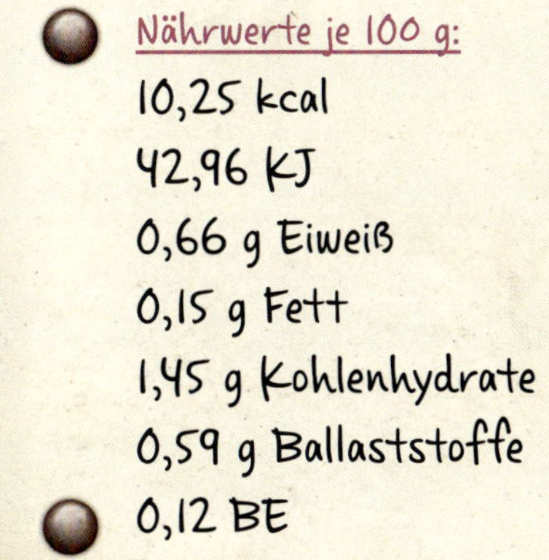

Gewürzsalz

(Die Gewichtsangaben beziehen sich auf das geputzte Gemüse.)

2 Knoblauchzehen
200 g Zwiebeln, in Stücken

in den Mixtopf geben. **5 Sekunden / Stufe 5** zerkleinern.

20 g Olivenöl

zugeben und **3 Minuten / Garstufe / Stufe 1** dünsten.

120 g Möhren
60 g Sellerie
400 g Tomaten
200 g Zucchini
100 g rote oder grüne Paprika
2 Handvoll Basilikum
1 TL Zitronenthymian
100 g Meersalz

Die restlichen Zutaten in Stücken zugeben und **10 Sekunden / Stufe 7** zerkleinern.

Auf zwei mit Backpapier ausgelegten Backblechen dünn verteilen und ca. **15 Stunden im Backofen bei 50°C Ober- / Unterhitze** trocknen. Damit die Feuchtigkeit entweichen kann, einen Kochlöffel zwischen die Tür klemmen. Zwischendurch das Gewürzsalz verrühren.

Ist die Masse trocken, nochmals in den Mixtopf geben und **5 Sekunden / Stufe 7** vermischen.

Basilikumsalz

3 Knoblauchzehen
60 g roter Basilikum
30 g Meersalz

in den Mixtopf geben und **3 Sekunden / Stufe 8** zerkleinern.

Ca. 8 Stunden auf einem Backblech wie oben beschrieben trocknen. Das getrocknete Salz nochmals **5 Sekunden / Stufe 8** vermischen.

Info:

Es gibt bis zu 60 verschiedene Basilikumsorten. Hier habe ich die rotblättrige Sorte Opal Dark verwendet.

Nährwerte je 100 g:
34,00 kcal
143,36 KJ
1,12 g Eiweiß
1,89 g Fett
3,01 g Kohlenhydrate
1,70 g Ballaststoffe
0,25 BE

Nährwerte je 100 g:
34,50 kcal
144,56 KJ
2,32 g Eiweiß
0,51 g Fett
4,96 g Kohlenhydrate
2,06 g Ballaststoffe
0,42 BE

Griebenschmalz

100 g Zwiebeln, halbiert
1 Knoblauchzehe
1 kleiner säuerlicher Apfel

in den Mixtopf geben und **3 Sekunden / Stufe 5** zerkleinern.

50 g Bacon
300 g grüner Bauchspeck (beim Metzger bestellen)
1 gestr. TL Majoran (getrocknet)
1 gestr. TL Basilikum (getrocknet)
Pfeffer

zugeben, **8 Sekunden / Stufe 7** zerkleinern. Dann **18 Minuten / 100°C / Stufe 1** erhitzen und **8 Sekunden / Stufe 6** vermengen.

50 g Röstzwiebeln

zugeben und **10 Sekunden / Stufe 2** vermischen.

In Töpfchen füllen und erstarren lassen.

Info:

Beim grünen Speck handelt sich um eine ungepökelte und nicht geräucherte Speckschwarte.

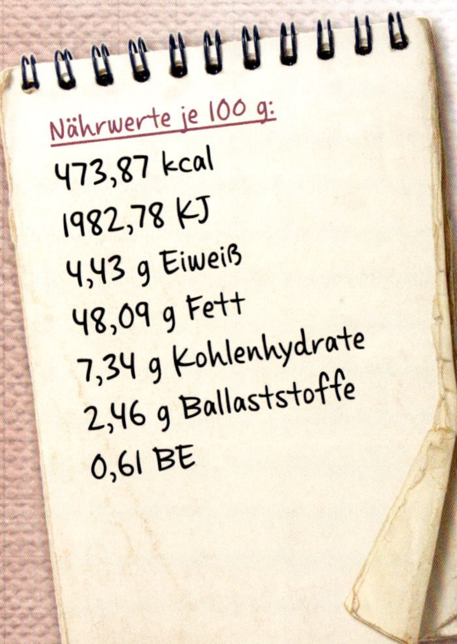

Aufstriche

Zwiebel-Tomatenaufstrich

300 g Zwiebeln, halbiert
1 Knoblauchzehe
60 g eingel. getr. Tomaten,
abgetropft

in den Mixtopf geben und **5 Sekunden / Stufe 5** zerkleinern.

10 g Olivenöl

zugeben und **4 Minuten / Garstufe / Stufe 2** dünsten.

60 g Wasser
2 gestr. TL ital. Kräuter
1/2 TL Meersalz
Pfeffer
10 g Aceto balsamico
20 g Tomatenmark

zugeben und **10 Minuten /90°C / Stufe 1** erhitzen.

50 g Butter

zugeben und **5 Sekunden / Stufe 3** verrühren. Abschmecken.

In ein verschließbares Glas füllen und kalt stellen.

Nährwerte je 100 g:

131,73 kcal

552,81 KJ

1,84 g Eiweiß

10,86 g Fett

6,53 g Kohlenhydrate

1,41 g Ballaststoffe

0,36 BE

Leichter Käseaufstrich

1 kleine Zwiebel, halbiert
200 g Putenbraten, in Scheiben — in den Mixtopf geben und **5 Sekunden / Stufe 5** zerkleinern.

200 g Frischkäse (5% Fett)
10 g Magermilch (1,5% Fett) — zugeben.

Mit Salz & Pfeffer — würzen und **5 Sekunden / Stufe 4** rühren.

10 kernlose grüne Trauben — zugeben und **5 Sekunden / Linkslauf / Stufe 1** unterheben.

Rettichcreme

100 g Rettich
1/4 TL Salz — in den Mixtopf geben und **5 Sekunden / Stufe 5** zerkleinern. Kurz im Mixtopf stehen lassen, dann ausdrücken und Rettichwasser abgießen.

1 TL Kapern
100 g Frischkäse
100 g Butter, zimmerwarm
1 EL Schnittlauch, in Röllchen geschnitten
Pfeffer — Restliche Zutaten zugeben und **5 Sekunden / Stufe 3** mischen. Abschmecken.

Nährwerte je 100 g:
90,79 kcal
379,78 KJ
16,24 g Eiweiß
0,96 g Fett
3,70 g Kohlenhydrate
0,22 g Ballaststoffe
0,31 BE

Nährwerte je 100 g:
359,18 kcal
1502,96 KJ
4,27 g Eiweiß
37,36 g Fett
2,63 g Kohlenhydrate
1,06 g Ballaststoffe
0,22 BE

Orangenmarmelade

600 g Orangensaft, mit Fruchtfleisch
400 g Boskop-Äpfel, entkernt, mit Schale
10 g Zitronensaft
1 Pck. Vanillezucker
20 g Orangenlikör
500 g Gelierzucker 2:1

Alle Zutaten in den Mixtopf geben und **10 Sekunden / Stufe 6** zerkleinern.

Danach **13 Minuten / 100°C / Stufe 3** kochen und **10 Sekunden / Stufe 10** pürieren.

Sofort in heiß ausgespülte Gläser füllen, verschließen und Gläser 5 Minuten auf den Kopf stellen.

Kürbismarmelade

400 g Kürbisfleisch, in Stücken
400 g Boskop-Äpfel, entkernt, mit Schale, in Stücken
10 g Zitronensaft
200 g Apfelsaft
1 Pck. Vanillezucker
20 g Orangenlikör
500 g Gelierzucker 2:1

Alle Zutaten in den Mixtopf geben und **10 Sekunden / Stufe 6** zerkleinern.

Dann **13 Minuten / 100°C / Stufe 3** kochen und **10 Sekunden / Stufe 10** pürieren.

Sofort in heiß ausgespülte Gläser füllen, verschließen und Gläser 5 Minuten auf den Kopf stellen.

Nährwerte je 100 g:
164,78 kcal
698,22 KJ
0,45 g Eiweiß
0,17 g Fett
39,26 g Kohlenhydrate
0,61 g Ballaststoffe
0,62 BE

Nährwerte je 100 g:
161,11 kcal
683,92 KJ
0,50 g Eiweiß
0,21 g Fett
38,54 g Kohlenhydrate
0,77 g Ballaststoffe
0,56 BE

Apfel-
Kürbis
M

Beeren entsaften - Likör

800 g Beeren (Johannisbeeren, Brombeeren, Holunderbeeren o.ä.)

nur von den dicken Stielen befreien und in den Garaufsatz geben.

750 g heißes Wasser

in den Mixtopf geben. Das Garkörbchen einsetzen und eine hohe von der Größe passende hitzebeständige Schale hineinstellen. Den Mixtopf verschließen und den Garaufsatz aufsetzen. **25 Minuten / Garstufe / Stufe 2** garen.

Das Garkörbchen mit dem Gefäß vorsichtig mit Hilfe des Spatels herausheben, den Mixtopf leeren und den Beerensaft (ca. 380 ml) aus dem Gefäß in den Mixtopf füllen.

250 g Rohrzucker
1 Pck. Bourbon-Vanillezucker

zugeben und **12 Minuten / 90°C / Stufe 4** erhitzen.

500 g Doppelkorn

zugeben und **10 Sekunden / Stufe 3** vermischen. Sofort in heiß gespülte Flaschen füllen.

Nährwerte je 100 g (Likör):

218,64 kcal
914,43 KJ
0,33 g Eiweiß
0,09 g Fett
26,40 g Kohlenhydrate
0,00 g Ballaststoffe
2,20 BE

Früchtedessert

1 große Dose Pfirsiche (470 g abgetropft)	in Scheiben schneiden.
300 g TK-Himbeeren	abwechselnd mit den Pfirsichscheiben in eine Glasschüssel geben.
300 g kalte Sahne	in den Mixtopf geben und auf **Stufe 10** steif schlagen.
150 g Frischkäse 300 g Vollmilchjoghurt 30 g Zucker	zugeben **10 Sekunden / Stufe 4** mischen. Über die Früchte verteilen.
1 EL Rohrzucker	über die Creme streuen und gut gekühlt servieren!

Nährwerte je 100 g:
140,52 kcal
588,16 KJ
2,57 g Eiweiß
9,62 g Fett
10,61 g Kohlenhydrate
1,73 g Ballaststoffe
0,89 BE

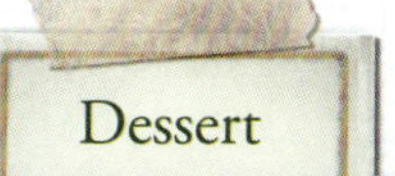

Gebackenes Kirschdessert

60 g Butter
40 g Rohrzucker
2 Eier, Gr. M

200 g Schmand
120 g Weizenmehl Type 405
1 Prise Salz

1 Glas Schattenmorellen
(oder 400 g frische Kirschen)

Etwas Cassislikör

Den Backofen auf **200°C Ober- / Unterhitze** vorheizen.

in den Mixtopf geben und **3 Minuten / 37°C / Stufe 3** verrühren.

zugeben und **30 Sekunden / Knetstufe** mischen. Den Teig in eine gefettete Auflaufform umfüllen.

abtropfen und auf dem Teig verteilen.

über die Kirschen träufeln.

Im vorgeheizten Backofen bei **200°C Ober- / Unterhitze ca. 35 Minuten** backen. Am besten noch warm mit Vanillesoße (Seite 38) servieren.

Nährwerte je 100 g:

237,38 kcal

994,17 KJ

3,96 g Eiweiß

13,82 g Fett

22,43 g Kohlenhydrate

0,87 g Ballaststoffe

1,87 BE

Dessert

Birnendessert

6 feste Birnen	waschen, schälen, halbieren und entkernen. Die Hälften in den Garaufsatz und in den Einlegeboden legen.
80 g Marzipanrohmasse 60 g Haselnusskrokant	in den Mixtopf geben und **5 Sekunden / Stufe 5** mischen. Die Masse in die Mulden der Birnen verteilen.
Mit Orangenlikör	die Birnenhälften beträufeln.
300 g heißes Wasser	in den Mixtopf geben. Den Mixtopf schließen und den Garaufsatz aufsetzen. **13 Minuten / Garstufe / Stufe 2** dämpfen. Die Birnen mit zerbröselten Baisers (Rezept im Kapitel Frühjahr) und Vanillesoße (Seite 38) anrichten.
Mit Schokospänen	verzieren.

Nährwerte je 100 g ohne Soße):

158,69 kcal
663,71 KJ
2,30 g Eiweiß
7,90 g Fett
19,12 g Kohlenhydrate
3,04 g Ballaststoffe
1,59 BE

Rote Grütze mit Vanillesoße

300 g gemischte, gefrorene Beeren
200 g Johannisbeersaft

Beeren und Saft in den Mixtopf geben und **10 Sekunden /Stufe 10** pürieren.

20 g Zucker
Saft einer Zitrone (ca. 35 g)
1 TL Johannisbrotkernmehl

zugeben und **8 Minuten /100°C / Stufe 2** kochen lassen.

250 g frische Himbeeren

durch die Deckelöffnung zugeben und **10 Sekunden / Linkslauf / Stufe 1** unterrühren. In Dessertschalen umfüllen.

Für die Vanillesoße:

Den Rühraufsatz einsetzen!

200 g Sahne
15 g Zucker
Mark einer Vanilleschote
2 Eigelb
50 g Vollmilch
1/2 TL Johannisbrotkernmehl

Alle Zutaten in den Mixtopf geben und **4 Minuten / 90°C / Stufe 4** erwärmen.

Kalt zur roten Grütze servieren!

Info zu Johannisbrotkernmehl:

Es ist ein geschmacksneutrales Bindemittel, das sowohl in kalte als auch in warme Speisen gerührt werden kann (Suppen, Soßen, Aufstriche, Desserts uvm.). Erhältlich im Reformhaus oder Naturkostladen (z.B. von Fa. Tartex „Bindobin").

Nährwerte Vanillesoße je 100 g:

266,74 kcal
1117,07 kJ
4,47 g Eiweiß
24,49 g Fett
7,92 g Kohlenhydrate
0,79 g Ballaststoffe
0,66 BE

Nährwerte Rote Grütze je 100 g:

88,05 kcal

368,99 KJ

0,75 g Eiweiß

0,26 g Fett

19,49 g Kohlenhydrate

0,92 g Ballaststoffe

1,62 BE

Bananenkuchen im Glas

Gummiringe für Weckgläser in einer Schüssel mit kaltem Wasser einweichen lassen.

Die Gläser (Sturzgläser) mit Butter ausfetten und mit Semmelbröseln ausstreuen.

200 g Mandeln

in den Mixtopf geben und **5 Sekunden / Stufe 7** zerkleinern.

Umfüllen.

100 g Noisetteschokolade

in Stücken in den Mixtopf geben, **5 Sekunden / Stufe 6** zerkleinern und zu den Mandeln umfüllen.

100 g Zucker
200 g Butter, in Stücken
3 Eier, Gr. M

in den Mixtopf geben und **2 Minuten / 37°C / Stufe 5** schaumig rühren.

2 kleine Bananen (200 g), in Stücken
240 g Weizenmehl Type 405
1/2 Päckchen Backpulver
1/2 TL Natron
100 g Vollmilch
zerkleinerte Mandeln
zerkleinerte Schokolade

Restliche Zutaten zugeben und **3 Minuten / Knetstufe** mischen.

In die Weckgläser, bis etwas mehr als zur Hälfte füllen. Der Rand muss sauber bleiben!

¾-Liter-Gläser auf die unterste Schiebeleiste und ½-Liter oder ¼-Liter-Gläser auf die mittlere Schiebeleiste stellen.

Der Kuchen wird **bei 180°C Ober-/ Unterhitze** in offenen Gläsern **ca. 50 Minuten** gebacken.

Bei ¼-Liter-Gläser nach ca. ½ Std. Backzeit eine Stäbchenprobe machen um festzustellen ob der Kuchen fertig gebacken ist. – Falls noch Teig am Holz hängen bleibt, noch etwas weiter backen.

Nährwerte je 100 g:

372,93 kcal

1561,59 KJ

7,71 g Eiweiß

25,29 g Fett

28,99 g Kohlenhydrate

3,43 g Ballaststoffe

2,42 BE

Nach dem Backen die Gläser mit einem Topflappen herausnehmen und die feuchten Gummiringe auf den Deckelrand legen. Die Gläser mit Klammern verschließen, die nach dem Abkühlen wieder entfernt werden.

Der Kuchen ist verschlossen an einem kühlen Ort mindestens ½ Jahr wie frisch!

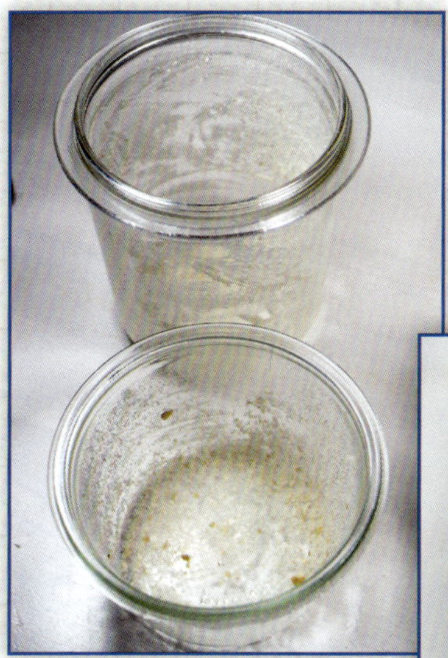

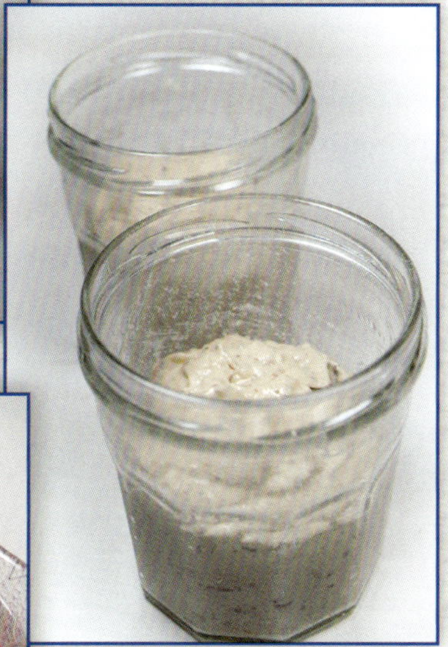

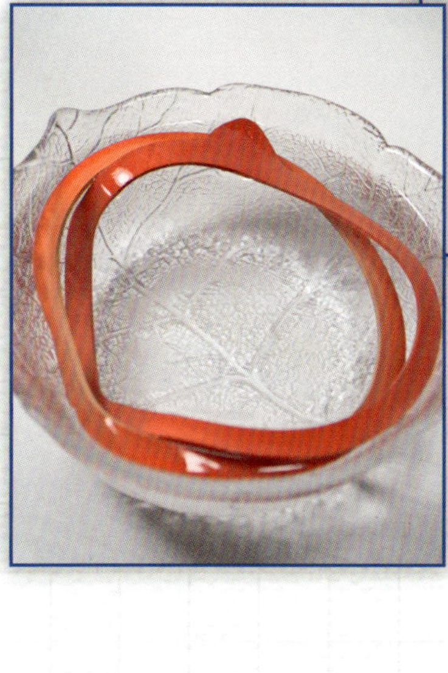

FAMILY BAKERS
BREADS & PASTRIES

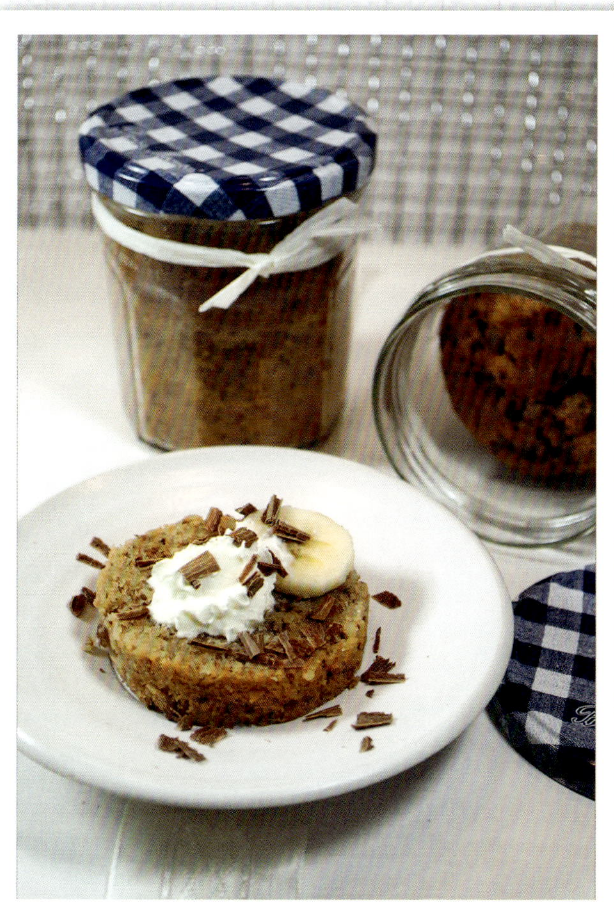

Apfeltorte mit Eierlikör

Den Backofen auf **200°C Ober- / Unterhitze** vorheizen.

600 g säuerliche Äpfel

schälen, vierteln, entkernen und in den Mixtopf geben.

3 Sekunden / Stufe 4 zerkleinern, umfüllen.

100 g Butter
60 g Zucker
2 Eier, Gr. M
100 g Weizenmehl Type 405
1 Päckchen Vanillezucker
1 TL Backpulver
100 g von den zerkl. Äpfeln

Restliche Zutaten zugeben. **30 Sekunden / Knetstufe** vermischen.

Den Teig in eine mit Backpapier ausgelegte Springform füllen.

Im vorgeheizten Backofen **bei 200°C Ober- / Unterhitze ca. 20 Minuten** backen. Den Kuchen etwas abkühlen lassen, vom Rand lösen und auf einem Gitterrost auskühlen lassen. Wieder in die Springform mit Rand legen.

150 g Apfelsaft
1 Pck. Vanillepuddingpulver

in den Mixtopf geben und **3 Sekunden / Stufe 4** verrühren.

500 g zerkl. Äpfel
2 Prisen Zimt
1 Päckchen Vanillezucker
20 g Zucker

zugeben und **5 Minuten / 100°C / Stufe 1** kochen.
Auf den Rührteigboden streichen. Abkühlen lassen.

Den Rühraufsatz einsetzen!

350 g Vollmilch
100 g Eierlikör
1 Pck. Vanillepuddingpulver

in den Mixtopf geben. **8 ½ Minuten / 90°C / Stufe 3** kochen.
Den Pudding auf den Apfelbelag streichen. 2 Stunden kalt stellen.

Mit Schokospänen

verziert servieren!

Nährwerte je 100 g:
170,32 kcal
713,55 KJ
2,73 g Eiweiß
7,29 g Fett
21,89 g Kohlenhydrate
1,02 g Ballaststoffe
1,82 BE

Danielas Schokokuchen

100 g Mandeln

100 g Walnüsse

500 g säuerliche Äpfel

180 g Zucker
250 g Butter, in Stücken
1 Pck. Vanillezucker
3 Eier, Gr. M

250 g Weizenmehl Type 405
1 Pck. Backpulver
50 g lösl. Trinkschokolade
1/2 TL Zimt

Den Backofen auf **180 °C Ober- / Unterhitze** vorheizen.

in den Mixtopf geben und **8 Sekunden / Stufe 6** zerkleinern.

zugeben und **3 Sekunden / Stufe 4** zerkleinern, umfüllen.

vierteln, entkernen, schälen, in den Mixtopf geben und **5 Sekunden / Stufe 4** zerkleinern. Umfüllen.

in den Mixtopf geben und **3 Minuten / 37°C / Stufe 4** schaumig rühren.

zugeben. **20 Sekunden / Knetstufe** vermischen.

Äpfel und Nüsse zugeben und nochmals **15 Sekunden / Stufe 4-5 mit Hilfe des Spatels** mischen.

Runde Springform (Größe 26 cm) einfetten, mit Semmelbrösel bestäuben und **bei 180°C Ober-/ Unterhitze ca. 55 Minuten** im vorgeheizten Ofen backen.

Nährwerte je 100 g:

360,32 kcal

1508,37 KJ

5,89 g Eiweiß

23,59 g Fett

31,44 g Kohlenhydrate

2,88 g Ballaststoffe

2,62 BE

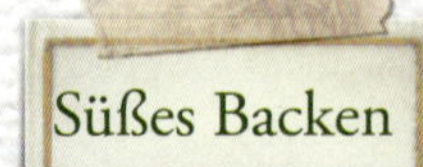

Müsliriegel

300 g Dinkel

150 g Mandeln

200 g Haferflocken, kernig
1/2 TL Salz
250 g Honig oder Rübensirup
120 g Sonnenblumenöl
Mark einer Vanilleschote
120 g Wasser
150 g Kokosflocken

in den Mixtopf geben und **40 Sekunden / Stufe 9** zerkleinern.

dazugeben und **10 Sekunden / Stufe 5** zerkleinern.

Restliche Zutaten zugeben und mit Hilfe des Spatels **2 Minuten / Knetstufe** vermengen.

Auf ein Backblech streichen (Bild 1), leicht andrücken und in den kalten Backofen schieben (Bild 2).

 **15 Minuten bei 150°C Ober- / Unterhitze** backen.

Auf 50°C zurückschalten und nochmals ca. 1 ¼ Stunden backen. Backofentür dabei einen Spalt geöffnet lassen, damit die Feuchtigkeit entweichen kann. Noch warm in Riegel schneiden.

Anstatt Kokosflocken können Sie auch andere Zutaten verwenden z. B. Kakao, Sonnenblumenkerne, Sesam, getrocknete Früchte.

Varianten :

Süßes Backen

Nährwerte je 100 g:
415,70 kcal
1741,01 KJ
7,17 g Eiweiß
24,49 g Fett
41,93 g Kohlenhydrate
6,35 g Ballaststoffe
3,49 BE

Schokocremehörnchen

➦ Den Backofen **auf 180°C Ober- / Unterhitze** vorheizen.

290 g Vollmilch
100 g Magerquark
1/2 Würfel Hefe
20 g Zucker

in den Mixtopf geben und **2 Minuten / 37°C / Stufe 1** erwärmen.

700 g Weizenmehl Type 405
1 gestr. TL Salz
30 g Sonnenblumenöl

Restliche Zutaten für den Teig zugeben. **5 Minuten / Knetstufe** kneten. Umfüllen.
Von Hand durchkneten und 30 Minuten in einer Schüssel zugedeckt ruhen lassen. Anschließend Rechtecke auswellen und in jeweils 4 Dreiecke schneiden.

Mit Nuss-Nougatcreme

die Dreiecke bestreichen, die Ränder freilassen und von der breiten Seite in Richtung Spitze aufrollen.

Auf ein mit Backpapier ausgelegtes Backblech legen, mit einem Gärtuch abdecken und 30 Minuten an einem warmen Ort gehen lassen.

Mit 1 Eigelb

die Gipfel bestreichen.

➦ Im vorgeheizten Backofen **bei 180°C Ober- / Unterhitze ca. 25 Minuten** backen.

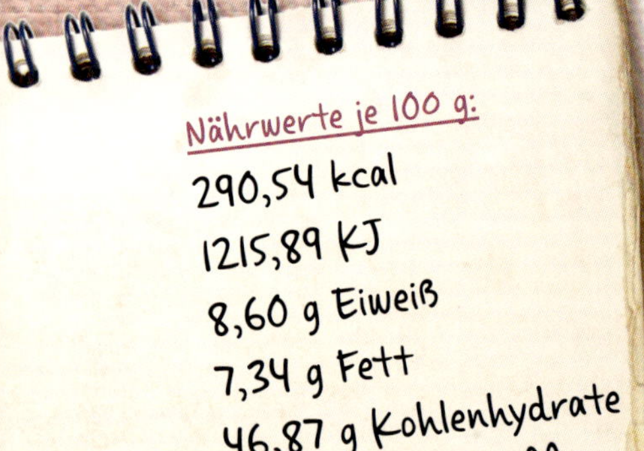

Marmorkuchen mit Kirschen

➤➤ Den Backofen auf **180°C Ober- / Unterhitze** vorheizen.

1 Glas Schattenmorellen
(350 g abgetropft)

abtropfen lassen und zur Seite stellen.

200 g Zucker
250 g Butter, in Stücken
2 Pck. Vanillezucker
5 Eier, Gr. M
1 Prise Salz

in den Mixtopf geben und **3 Minuten / 37°C / Stufe 5** schaumig rühren.

440 g Weizenmehl Type 405
1 Päckchen Backpulver
1 TL Natron
130 g Crème fraîche
20 g Kirschwasser

zugeben. **15 Sekunden / abwechselnd mit Linkslauf / Stufe 6** vermischen.

Die Hälfte des Teiges in eine gefettete Backform geben. Abgetropfte Kirschen auf dem Teig verteilen.

40 g lösl. Trinkschokolade

in den Mixtopf zur restlichen Teigmasse geben und **5 Sekunden / Stufe 6** mischen.

Den restlichen Teig in der Kuchenform verteilen und mit einem Messer ein wellenförmiges Muster durchziehen.

Im vorgeheizten Backofen **bei 180°C Ober-/ Unterhitze ca. 55 Minuten** backen.

Nach Belieben mit Schokoladenguss verzieren oder mit Puderzucker bestäuben.

Nährwerte je 100 g:
319,39 kcal
1337,73 KJ
5,37 g Eiweiß
16,60 g Fett
36,20 g Kohlenhydrate
1,32 g Ballaststoffe
3,02 BE

Walnussherztorte

 Den Backofen auf **180°C Ober- / Unterhitze** vorheizen.

150 g Walnüsse

im Mixtopf **5 Sekunden / Stufe 8** zerkleinern. Umfüllen.

Den Rühraufsatz einsetzen!

4 Eier, Gr. M
100 g Zucker

in den Mixtopf geben und **5 Minuten / 37°C / Stufe 3** schaumig schlagen.

Mark einer 1/2 Vanilleschote
150 g helles Dinkelmehl Type 630
1 geh. TL Backpulver

zugeben und **15 Sekunden / abwechselnd mit Linkslauf / Stufe 2** mischen.

Den Teig in eine Herzform verstreichen.

Im vorgeheizten Backofen **bei 180°C Ober- / Unterhitze ca. 25 Minuten** auf mittlerer Schiene backen. Auf ein Kuchengitter stürzen und auskühlen lassen.

300 g Sahne
1 TL Johannisbrotkernmehl
1 Pck. Vanillezucker

in den sauberen kalten Mixtopf geben und auf **Stufe 10** steif schlagen.

Die zerkleinerten Walnüsse
40 ml Amaretto

20 Sekunden / abwechselnd mit Linkslauf / Stufe 3 unterrühren.

Den Biskuitboden in zwei Böden halbieren und 1/3 der Sahne auf die untere Hälfte streichen.

Den Deckel wieder auflegen und mit der restlichen Sahne rundherum bestreichen.

50 g Himbeeren

auf der Tortenoberfläche verteilen.

Mit Puderzucker

bestäuben.

Ganze Walnusskerne

zwischen die Himbeeren setzen.

Süßes Backen

Nährwerte je 100 g:
330,96 kcal
1386,58 KJ
7,56 g Eiweiß
21,61 g Fett
24,59 g Kohlenhydrate
2,38 g Ballaststoffe
2,05 BE

Dinkelbrötchen

300 g Wasser, lauwarm
100 g Vollmilch
650 g Dinkelmehl Type 630
20 g Hefe
50 g verschiedene Saaten
2 TL Meersalz

Alle Zutaten in den Mixtopf geben und **6 Minuten / Knetstufe** kneten.

Umfüllen, rundwirken (Seite 3) und in einer Schüssel mit einem Gärtuch zugedeckt gehen lassen, bis sich das Volumen verdoppelt hat.

➡➡ Den Backofen auf **220°C Ober- / Unterhitze** vorheizen.

In 80 g-Stücke teilen, zu Brötchen rundwirken. Auf ein mit Backfolie ausgelegtes Blech legen, ca. 20 Minuten zugedeckt gehen lassen. Vor dem Einschießen mit einem scharfen Messer einschneiden.

➡➡ Im vorgeheizten Backofen **bei 220 °C Ober- / Unterhitze ca. 20 Minuten** backen.

Nährwerte je 100 g:

234,46 kcal
982,65 KJ
8,09 g Eiweiß
3,47 g Fett
42,14 g Kohlenhydrate
4,53 g Ballaststoffe
3,51 BE

Dinkel-Roggenweckle

250 g Dinkelmehl Type 1050
250 g Export-Bier
200 g Roggenmehl Type 1150
1/2 Würfel Hefe
30 g lauwarmes Wasser
3 Prisen gemahlener Kümmel
1 gestr. TL Salz

Alle Zutaten der Reihe nach in den Mixtopf geben und **6 Minuten / Knetstufe** kneten.

An einem warmen Ort in einer Schüssel zugedeckt gehen lassen, bis sich das Volumen verdoppelt hat.

Den Backofen auf **225°C Ober- / Unterhitze** vorheizen.

Zu 8 Wecken formen, auf ein Blech setzen, mit Mehl bestäuben. Nochmals ca. 20 Minuten zugedeckt gehen lassen. Vor dem Einschießen mit einem scharfen Messer einschneiden.

Im vorgeheizten Backofen **ca. 20 Minuten bei Ober- / Unterhitze bei 225°C** backen.

Walnussbrötchen

Den Ofen auf **200°C Ober- / Unterhitze** vorheizen.

120 g Vollmilch

im Mixtopf **1 ½ Minute / 37°C / Stufe 2** erwärmen.

250 g Magerquark
150 g Sonnenblumenöl
2 TL Salz

zugeben und **15 Sekunden / Stufe 3** rühren.

80 g Walnüsse
500 g Weizenmehl Type 1050
1 Pck. Weinsteinbackpulver

zugeben und **2 Minuten / Knetstufe** kneten. In Muffinsform verteilen.

Im vorgeheizten Backofen bei **200°C Ober-/ Unterhitze ca. 25 Minuten** backen.

Nährwerte je 100 g:
338,37 kcal
1416,83 KJ
9,38 g Eiweiß
18,97 g Fett
32,53 g Kohlenhydrate
2,76 g Ballaststoffe
2,71 BE

Nährwerte je 100 g:
210,86 kcal
883,62 KJ
6,56 g Eiweiß
1,05 g Fett
43,13 g Kohlenhydrate
4,84 g Ballaststoffe
3,59 BE

Raclettebrot

Den Backofen **auf 230°C Ober- / Unterhitze** vorheizen.

600 g Weizenmehl Type 405
20 g Hefe
370 g lauwarmes Wasser
10 g Salz
30 g Olivenöl

Zutaten für den Teig in den Mixtopf geben und **6 Minuten / Knetstufe** kneten.

Den Teig zu einem Viereck ausrollen und auf ein eingeöltes Backblech (oder auf einen Pizzastein) geben. Zugedeckt 15 Minuten gehen lassen.

300 g Höhlenkäse, in Scheiben

auf dem Teig verteilen.

125 g gewürfelter Speck

auf dem Käse verteilen.

2 Knoblauchzehen

in den Mixtopf geben **5 Sekunden / Stufe 5** zerkleinern, vom Topfrand mit dem Spatel nach unten schieben.

2 rote Zwiebeln, in Ringe geschnitten
10 g Sonnenblumenöl

zugeben und **3 Minuten / Garstufe / Stufe 1** andünsten.

Ebenfalls auf dem Käse und Speck verteilen.

Bei **230°C Ober- / Unterhitze** auf der unteren Schiebeleiste **ca. 25 Minuten** backen.

Mit Rosenpaprika & Pfeffer

würzen und gleich servieren!

<u>Nährwerte je 100 g:</u>
242,54 kcal
1014,73 KJ
10,14 g Eiweiß
10,23 g Fett
27,12 g Kohlenhydrate
2,06 g Ballaststoffe
2,26 BE

Pikanter Kartoffelhupf

Füllung:

50 g in Öl eingelegte Tomaten, abgetropft (Öl auffangen)
100 g Frischkäse
50 g Schafskäse
50 g Salami, geschnitten
5 Blättchen Basilikum
Pfeffer

Alle Zutaten in den Mixtopf geben und **5 Sekunden / Stufe 5** vermischen. Umfüllen.

150 g gekochte Pellkartoffeln

geschält in den Mixtopf geben und **2 Sekunden / Stufe 4** zerkleinern.

500 g Weizenmehl Type 1050
10 g Zucker
20 g Hefe
5 g Salz
200 g lauwarmes Wasser
50 g Öl (von eingelegten Tomaten)

Restliche Zutaten zugeben und **4 Minuten / Knetstufe** kneten. Umfüllen.

In einer Schüssel abgedeckt an einem warmen Ort gehen lassen, bis sich das Volumen verdoppelt hat.

Zu einem Rechteck ausrollen und die Füllung daraufstreichen, aufrollen und in eine gefettete Napfkuchenform legen.

Den Backofen auf **200°C Ober- / Unterhitze** einschalten.

Nochmals mit einem Gärtuch abgedeckt 15 Minuten gehen lassen.

Im vorgeheizten Backofen bei **200°C Ober-/ Unterhitze auf der mittleren Schiene ca. 45 Minuten** backen.

Nährwerte je 100 g:

255,23 kcal

1068,83 KJ

8,54 g Eiweiß

9,90 g Fett

32,56 g Kohlenhydrate

3,02 g Ballaststoffe

2,66 BE

Crostinibrot

200 g Weizenkörner

400 g Dinkelmehl Type 630
10 g Hefe
230 g Wasser
2 gestr. TL Salz
1 TL Backmalz (kann weggelassen werden)
150 g Sauerrahm 10%

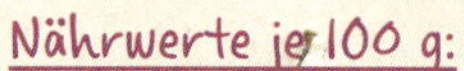

Nährwerte je 100 g:

220,63 kcal

924,05 KJ

7,03 g Eiweiß

2,72 g Fett

41,33 g Kohlenhydrate

4,67 g Ballaststoffe

3,44 BE

in den Mixtopf geben und **40 Sekunden / Stufe 10** zerkleinern.

Restliche Zutaten zugeben und **6 Minuten / Knetstufe** kneten. Auf eine Arbeitsmatte umfüllen. Von Hand kurz rundwirken (Seite 3) und zugedeckt in einer Schüssel solange gehen lassen, bis sich das Volumen verdoppelt hat. Den Teig in eine Klein-Kastenform verteilen - siehe Bild. Nochmals 30 Minuten zugedeckt gehen lassen.

Den Backofen auf **250°C Ober- / Unterhitze** vorheizen. Im vorgeheizten Backofen **10 Minuten bei 250°C Ober- / Unterhitze** backen. Dann **auf 180°C herunterschalten** und **weitere 20 Minuten** backen.

Leicht getoastet oder in wenig Olivenöl angebraten z.B. mit Tomatenaufstrich (Seite 29) servieren.

Backen

Winter

Whiskylikör

7 Karamellsahne-Bonbons
(z.B. Werthers Echte)
130 g Zucker
1 Päckchen Vanillezucker

im Mixtopf **15 Sekunden / Stufe 10** zerkleinern.

120 g schwarz-weiß Schokocreme
2 EL löslicher Kaffee

zugeben **10 Sekunden / Stufe 6** mischen.

600 g Sahne

zugeben und **3 Minuten / 80°C / Stufe 2** erhitzen.

40 g Amaretto
350 g Whisky

zugeben und **30 Sekunden / Stufe 3** vermischen.

In schöne Flaschen abgefüllt, ein nettes Geschenk.

Nährwerte je 100 g:

308,05 kcal

1289,50 KJ

2,05 g Eiweiß

14,98 g Fett

23,01 g Kohlenhydr

0,43 g Ballaststoff

1,92 BE

Eiskaffee mit Whiskylikör

500 g Vollmilch
500 g Wasser
40 g lösliche Trinkschokolade
100 g Whiskylikör (s. Rezept oben)
4 EL löslicher Kaffee

Alle Zutaten in den Mixtopf geben und **12 Minuten / 80°C / Stufe 2** erhitzen. Dann **20 Sekunden / Stufe 10** aufschäumen und in Gläser füllen.

Vanilleeis

Je eine Kugel Eis zugeben und sofort servieren!

Nährwerte je 100 g:

74,98 kcal

314,57 KJ

2,11 g Eiweiß

2,98 g Fett

8,36 g Kohlenhydr

0,22 g Ballaststof

0,70 BE

Getränke

Whiskeylikör

Zitronen-Apfel-Tee

600 g heißes Wasser
500 g Apfelsaft
Saft von 2 Zitronen
20 g Zucker

4 TL schwarzer Tee
2 Zimtstangen
2 Gewürznelken

in den Mixtopf geben. **8 Minuten / Garstufe / Stufe 2** erhitzen.

Tee und Gewürze in das Garkörbchen geben und in den Mixtopf einhängen. **4 Minuten / 90°C / Stufe 1** ziehen lassen.

Absieben und genießen.

Nährwerte je 100 g:

27,77 kcal

117,06 KJ

0,22 g Eiweiß

0,18 g Fett

5,84 g Kohlenhydrate

0,10 g Ballaststoffe

0,48 BE

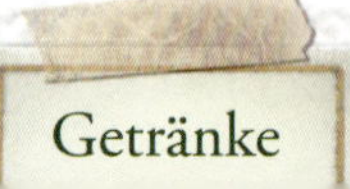
Getränke

Stärkungsgetränk

500 g Dickmilch
500 g dunkles Bier
80 g Pflaumenmus
20 g Honig

Alle Zutaten in den Mixtopf geben und **20 Sekunden / Stufe 10** aufschäumen.

Pflaumenmus:

200 g Pflaumen

waschen, entkernen und in den Mixtopf geben.

40 g Zucker

zugeben und **5 Sekunden / Stufe 5** zerkleinern. Die Fruchtstücke nach unten schieben.

4 Minuten / 100°C / Stufe 2 kochen und **15 Sekunden / Stufe 10** pürieren.

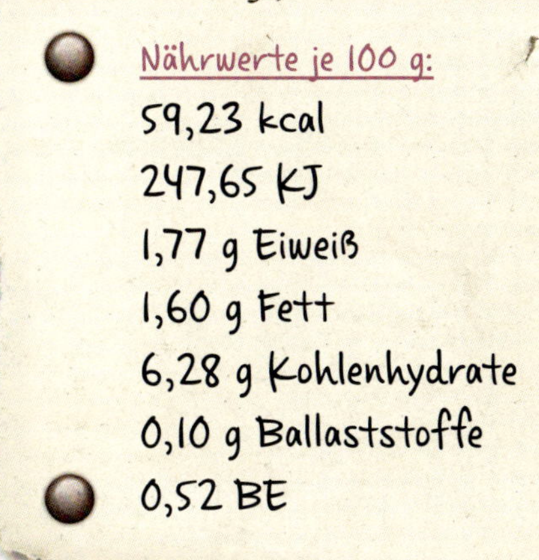

Nährwerte je 100 g:

59,23 kcal

247,65 KJ

1,77 g Eiweiß

1,60 g Fett

6,28 g Kohlenhydrate

0,10 g Ballaststoffe

0,52 BE

Punsch

30 g getrocknete Apfelringe

in den Mixtopf geben und **5 Sekunden / Stufe 8** zerkleinern.

1/2 Liter heißes Wasser
50 g Zucker

zugeben und **10 Minuten / 100°C / Stufe 1** erhitzen.

1/4 Liter Orangensaft
750 ml liebl. Rotwein
50 g Cognac

Restliche Zutaten zugeben und **5 Sekunden / Stufe 3** vermischen. Nochmals **3 Minuten / 80°C / Stufe 1** erhitzen.

Absieben und in Gläser füllen. Sofort servieren!

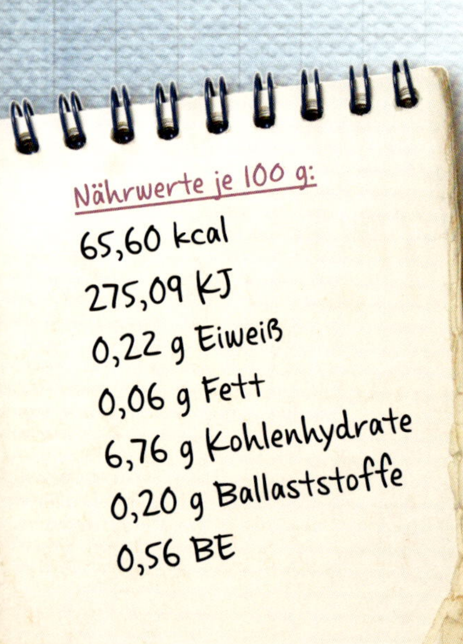

Nährwerte je 100 g:

65,60 kcal

275,09 KJ

0,22 g Eiweiß

0,06 g Fett

6,76 g Kohlenhydrate

0,20 g Ballaststoffe

0,56 BE

Getränke

Weihnachtsbowle

500 g Rotwein
500 g Orangensaft
100 g Kirschlikör
1 Glas Sauerkirschen mit Saft (680 g)
1/4 TL Zimt
2 Prisen Muskat

Alle Zutaten in den Mixtopf geben, **6 Minuten / 80°C / Linkslauf / Stufe 1** erhitzen und sofort servieren.

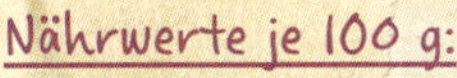

Nährwerte je 100 g:

83,85 kcal

351,30 KJ

0,47 g Eiweiß

0,13 g Fett

12,56 g Kohlenhydrate

0,29 g Ballaststoffe

1,05 BE

Roter Traum

250 g gefrorene Erdbeeren
100 g Cassislikör
100 g Kirschsaft

in den Mixtopf geben und **5 Sekunden / Stufe 10** pürieren.

1 Flasche Sekt

bei laufendem Messer / Stufe 6 in den Mixtopf gießen.

Sofort servieren!

Nährwerte je 100 g:

87,21 kcal
364,38 KJ
0,34 g Eiweiß
0,11 g Fett
7,23 g Kohlenhydrate
0,44 g Ballaststoffe
0,60 BE

Tomato Shot

15 Blättchen Basilikum
30 g Butter
800 g Tomaten (Dose)
200 g Orangensaft
1 TL Curry
2 TL gekörnte Gemüsebrühe

Alle Zutaten zugeben und **15 Minuten / 100°C / Stufe 2** kochen.

Anschließend **10 Sekunden / Stufe 9** pürieren.

Wer es scharf möchte, kräftig mit Tabasco und Cayennepfeffer abschmecken!

Tipp:

Kirschtomaten

dazureichen.

Nährwerte je 100 g:

40,42 kcal
169,91 KJ
0,90 g Eiweiß
2,51 g Fett
3,27 g Kohlenhydrate
0,63 g Ballaststoffe
0,27 BE

550

Tomato Shot

Roter Traum

Chicoréeschiffchen

2 Chicorée

waschen, putzen und den bitteren Strunk entfernen. Jeweils 2 Blätter aufeinander legen.

1 grüne Paprika, in Stücken
1 rote Paprika, in Stücken
1 Orange, halbiert

in den Mixtopf geben und **5 Sekunden / Stufe 4-5** zerkleinern. Die Mischung auf den Chicoréeblättern verteilen.

1/2 Kästchen Kresse

abschneiden und darüberstreuen.

20 g Zitronensaft
40 g Orangensaft
Salz & Pfeffer
Selleriesalz
20 g Öl

Alle Zutaten im Mixtopf **5 Sekunden / Stufe 5** vermischen und über die Chicoréeschiffchen verteilen.

Nährwerte je 100 g:
61,58 kcal
258,08 KJ
1,18 g Eiweiß
3,41 g Fett
6,02 g Kohlenhydrate
2,49 g Ballaststoffe
0,50 BE

Sauerkrautrohkost mit Trauben

300 g frisches Sauerkraut	in den Mixtopf geben.
2 Äpfel	vierteln, entkernen und zugeben.
15 g Weißweinessig Kräutersalz, Pfeffer 30 g Crème fraîche 1 TL Akazienhonig 10 g Sonnenblumenöl	Alle Zutaten zugeben **8 Sekunden / Stufe 4** zerkleinern. Abschmecken und umfüllen.
100 g blaue und grüne Trauben	waschen, halbieren und entkernen und über das Sauerkraut geben.

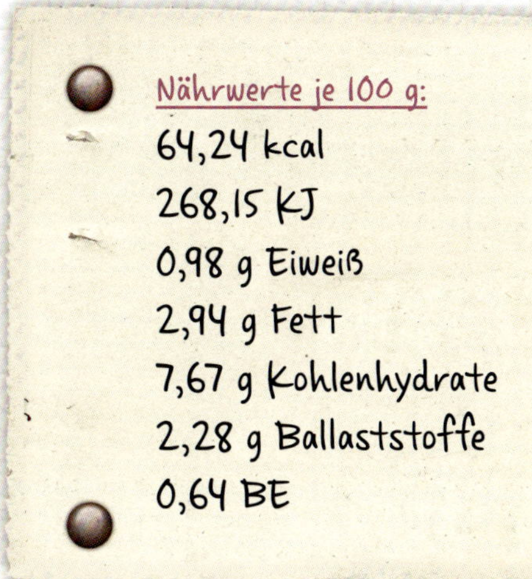

Topinambursalat

2 Topinambur-Knollen (150 g)	unter fließendem Wasser abbürsten, mit Messer etwas abschaben und in den Mixtopf geben.
2 Tomaten	halbieren, Stielansatz herausschneiden.
Saft von 1/2 Zitrone 150 g Vollmilchjoghurt 10 g mittelscharfer Senf Salz, Pfeffer, Paprika	Alle Zutaten in den Mixtopf geben. **3 Sekunden / Stufe 5** zerkleinern und umfüllen.
1/2 Banane	in dünne Scheiben schneiden.
2 Scheiben Ananas	würfeln und mit Banane und
100 g Mais	unter den Salat mischen.

Info:

Das aus Nordamerika stammende Knollengemüse wird auch Erdbirne oder Erdartischocke genannt. Sie ist winterhart und gehört botanisch zur Sonnenblume. Bleibt Topinambur den Winter über im Garten, so schmeckt sie im Frühjahr süßlicher.

Sie kann gedünstet, gebraten oder auch roh gegessen werden. Man sollte sich langsam an die Knolle gewöhnen, da besonders der Verzehr von rohen Knollen zu Blähungen führen kann. Der Knolle werden verschiedene Heilwirkungen zugeschrieben:

Appetitzügler, gegen Leberverfettung, bei Hautkrankheiten und man vermutet blutzuckersenkende Wirkung. Durch die dünne Schale ist die Knolle nicht lange lagerfähig. Sie trocknet schnell aus, es sei denn, man wickelt sie in Plastikfolie ein und bewahrt sie im Kühlschrank auf. Man kann sie auch einfrieren.

Nährwerte je 100 g:

51,92 kcal

217,79 KJ

2,10 g Eiweiß

1,18 g Fett

7,65 g Kohlenhydrate

3,48 g Ballaststoffe

0,64 BE

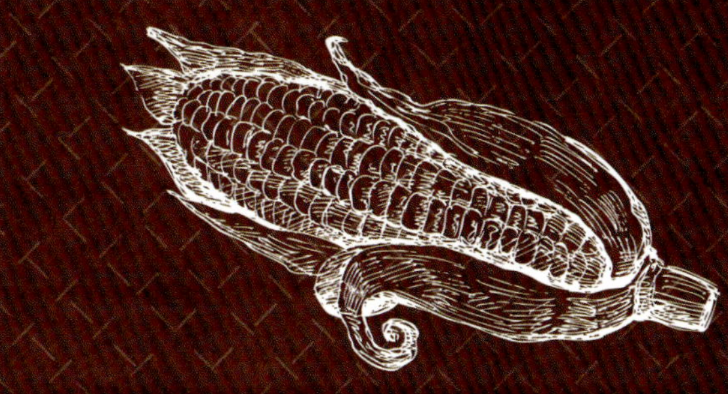

Gyrossuppe

1 Knoblauchzehe 1 Zwiebel, halbiert	in den Mixtopf geben und **5 Sekunden / Stufe 5** zerkleinern.
10 g Sonnenblumenöl	zugeben und **2 Minuten / Garstufe / Stufe 1** erhitzen.
300 g Gyrosgeschnetzeltes	zugeben. **3 Minuten / Garstufe / Linkslauf / Stufe 1** ohne Messbecher dünsten.
300 g Kartoffeln	schälen, in Scheiben schneiden, in den Mixtopf geben.
100 g rote Paprika	in Streifen schneiden, zugeben.
850 g heißes Wasser	auffüllen.
3 geh. TL gekörnte Gemüsebrühe Cayennepfeffer	zugeben. **20 Minuten / 100°C / Linkslauf / Stufe 1** kochen.
1 Dose Kidneybohnen (250 g abgetropft)	zugeben und nochmals **10 Minuten / 100°C / Linkslauf / Stufe 1** kochen. Abschmecken.

Nährwerte je 100 g:

56,11 kcal
234,96 KJ
4,80 g Eiweiß
2,18 g Fett
4,17 g Kohlenhydrate
1,31 g Ballaststoffe
0,35 BE

Suppen

Herzhafte Sauerkrautsuppe

1 Knoblauchzehe
1 Zwiebel, halbiert

in den Mixtopf geben und **5 Sekunden / Stufe 5** zerkleinern.

20 g Butter

zugeben und **3 Minuten / Garstufe / Stufe 1** andünsten.

1/2 Liter heißes Wasser
500 g Sauerkraut
3 gestr. TL gekörnte Gemüsebrühe
3 Prisen gem. Kümmel

zugeben und **15 Minuten / 100°C / Stufe 1** kochen.

1 grüne Paprika

in Streifen schneiden und zugeben.

250 g würzige Rindswürstle

in Scheiben geschnitten zugeben.

Salz, Cayennepfeffer, Paprika

Mit
würzen und nochmals **10 Minuten / 90°C / Linkslauf / Stufe 1** köcheln.

<u>Nährwerte je 100 g:</u>
41,21 kcal
172,47 KJ
4,37 g Eiweiß
2,05 g Fett
0,81 g Kohlenhydrate
1,67 g Ballaststoffe
0,07 BE

Selleriecremesuppe

15 g Frühlingszwiebeln	in Stücken in den Mixtopf geben. **5 Sekunden / Stufe 5** zerkleinern.
30 g Butter	zugeben und **2 ½ Minuten / Garstufe / Stufe 2** erhitzen.
300 g Knollensellerie 150 g Kartoffeln 100 g Zucchini	Das Gemüse in großen Stücken in den Mixtopf geben. **5 Sekunden / Stufe 5** zerkleinern.
800 g heißes Wasser 60 g Roséwein 3 geh. TL gekörnte Gemüsebrühe Pfeffer & Muskat	zugeben. **22 Minuten / 100°C /Stufe 2** kochen. **15 Sekunden / Stufe 9** pürieren.
100 g Sahne 100 g saure Sahne	durch die Deckelöffnung zugeben. Weitere **3 Minuten / 100°C /Stufe 4** erhitzen.
5 g Trüffelöl	zugeben und **6 Sekunden / Stufe 4** mischen.

Sofort servieren!

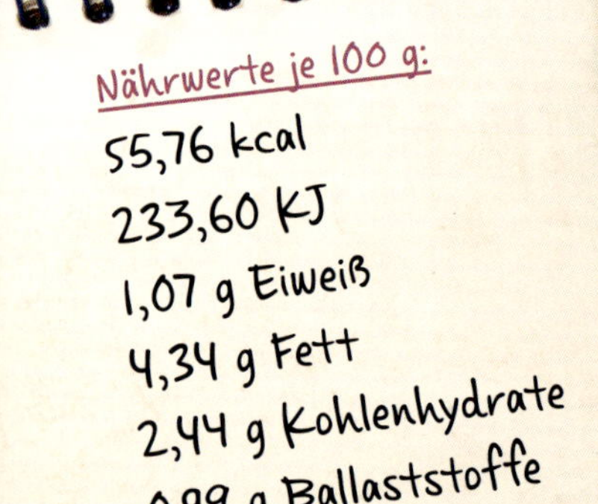

Nährwerte je 100 g:

55,76 kcal
233,60 KJ
1,07 g Eiweiß
4,34 g Fett
2,44 g Kohlenhydrate
0,99 g Ballaststoffe
0,20 BE

Suppen

Zwiebelsuppe

40 g Parmesan	in den Mixtopf geben. **10 Sekunden / Stufe 10** zerkleinern. Umfüllen.
1 Tomate	halbieren, Stielansatz entfernen.
1 Knoblauchzehe	mit der Tomate in den Mixtopf geben. **5 Sekunden / Stufe 7** zerkleinern.
20 g Olivenöl	zugeben und **3 Minuten / Garstufe / Stufe 2** dünsten.
500 g Zwiebeln	gehäutet und halbiert in den Mixtopf geben. **8 Sekunden / Stufe 4** zerkleinern.
500 g Zwiebeln	häuten, halbieren und in Scheiben schneiden. In den Mixtopf zugeben und **6 Minuten / Garstufe / Stufe 1** dünsten.
200 g Roséwein 700 g heißes Wasser 20 g Balsamico bianco 3 geh. TL gekörnte Gemüsebrühe	Restlichen Zutaten zugeben. **15 Minuten / 100°C / Linkslauf / Stufe 1** erhitzen.
Mit Pfeffer & Salz	abschmecken. Suppe in Tellern anrichten, mit Parmesan bestreuen und mit Ciabatta servieren.

Nährwerte je 100 g:

43,17 kcal

180,09 KJ

1,46 g Eiweiß

1,78 g Fett

3,29 g Kohlenhydrate

1,00 g Ballaststoffe

0,26 BE

Meerrettichsenf

100 g gelbe Senfkörner

im Mixtopf **30 Sekunden / Stufe 10** zerkleinern (Bild 1). Umfüllen.

10 g Meerrettich, geschält

in den Mixtopf geben und **5 Sekunden / Stufe 10** zerkleinern (Bild 2+3).

Senfmehl
15 g Zucker
5 g Salz
60 g Balsamico bianco
80 g Wasser

Alles zugeben und **15 Sekunden / Stufe 4** rühren (Bild 4).

Info:

Braune Senfsaat verleiht dem Senf die Schärfe. Verantwortlich ist das Allylsenföl, das sich beim Mahlen der Körner entfaltet. Dieser Senf macht Wurst oder Fleischspeisen bekömmlicher. Senfkörner enthalten 20–30% Fett, die Senföle, die für die Schärfe sorgen und heilende Inhaltsstoffe besitzen. Weil die gemahlenen Senfkörner konservierende Wirkstoffe haben, kann auf andere Zusatzstoffe verzichtet werden.

Tipp:

Wer es schärfer mag, verwendet 70 g gelbe und 30 g braune Senfkörner.

Nährwerte je 100 g:

205,02 kcal

857,61 KJ

9,43 g Eiweiß

10,68 g Fett

16,63 g Kohlenhydrate

2,70 g Ballaststoffe

1,39 BE

Aufstriche

Rotweinbutter

1 Knoblauchzehe
60 g Schalotten

80 g Rotwein
20 g heißes Wasser
1 TL gekörnte Gemüsebrühe
5 g Akazienhonig

1 Bund Schnittlauch

150 g kalte Butter, in Stücken
1/2 TL weißer Pfeffer

in den Mixtopf geben. **5 Sekunden / Stufe 5** zerkleinern. Die Stückchen mit dem Spatel nach unten schieben.

zugeben. **10 Minuten / Garstufe / Stufe 3** ohne Messbecher kochen.

Den Mixtopf zum Abkühlen 10 Minuten in kaltes Wasser stellen. Den Mixtopf von außen kurz abtrocknen und wieder einsetzen.

in 1 cm Stücken (Bild 1) zu den Zwiebeln geben.

zugeben und **15 Sekunden / Stufe 6** mischen. In Frischhaltefolie zu einer Rolle formen oder mit einer Spritztülle kleine Röschen spritzen. Kalt stellen oder auf Vorrat einfrieren.

Nährwerte je 100 g:
350,33 kcal
1466,30 KJ
1,07 g Eiweiß
37,60 g Fett
3,23 g Kohlenhydra[te]
0,47 g Ballaststoffe
0,27 BE

Aufstriche

Meerrettichaufstrich

40 g Meerrettich

schälen, in Stücken in den Mixtopf geben. **8 Sekunden / Stufe 10** zerkleinern.

1/2 säuerlicher Apfel, entkernt
10 g Zitronensaft

zugeben. **3 Sekunden / Stufe 5** zerkleinern.

200 g Magerquark
50 g Sauerrahm 10%
1 gestr. TL Salz

Restliche Zutaten zugeben und **10 Sekunden /Stufe 3** vermischen.

Nährwerte je 100 g:

75,27 kcal

315,08 KJ

8,15 g Eiweiß

1,58 g Fett

6,38 g Kohlenhydrate

1,16 g Ballaststoffe

0,53 BE

Filet mit Schupfnudeln und Rosenkohl

500 g gekochte Kartoffeln, mehlig vom Vortag	geschält, geviertelt in den Mixtopf geben.
100 g Weizenmehl Type 405 1 Ei, Gr. M 1 gestr. TL Salz & Muskat	zugeben. **10 Sekunden / Stufe 6** vermengen.

Aus dem Teig mit etwas Mehl kleine Röllchen formen, die an den Enden spitz zulaufen (Bild 1).

Schupfnudeln in reichlich kochendes Salzwasser geben und sieden lassen, bis die Schupfnudeln an der Oberfläche schwimmen. Herausnehmen und auf einem Geschirrtuch abtropfen lassen.

2 EL Butter	in einer Pfanne erhitzen und die Schupfnudeln rundum anbraten.

Zwischendurch das Fleisch und Gemüse garen:

600 g Lammfiletsteaks Salz & Pfeffer	mit würzen.
Je 1 EL Rosmarin und Thymian	in den Mixtopf geben.
2 Knoblauchzehen	zugeben und **5 Sekunden / Stufe 5** zerkleinern. Mit dem Spatel alles nach unten schieben.
20 g Olivenöl	zugeben und **5 Sekunden / Stufe 3** vermischen.

Das Fleisch mit der Marinade einpinseln und im mit einer Alufolie ausgelegten Garaufsatz verteilen (Bild 2).

500 g Rosenkohl	putzen, in das Garkörbchen geben.

1
2

20 g Kräuterbutter	in Flöckchen über dem Kohl verteilen.
1/2 Liter heißes Wasser 50 g Rotwein 15 g gekörnte Gemüsebrühe	in den Mixtopf geben, Garkörbchen einsetzen. Deckel verschließen. Garaufsatz aufsetzen.
	25 Minuten / Garstufe / Stufe 2 kochen.

Für die Soße:

Garsud	im Mixtopf lassen.
100 g Sahne 30 g Weizenmehl Type 405	zugeben. **3 Minuten / 100°C / Stufe 4** kochen.
Salz & Pfeffer	Mit abschmecken.

<u>Nährwerte je 100 g:</u>
114,23 kcal
478,44 KJ
9,46 g Eiweiß
4,91 g Fett
7,81 g Kohlenhydrate
1,56 g Ballaststoffe
0,65 BE

Gabis Risibisi

250 g TK-Erbsen und Möhren — in den Garaufsatz geben.

200 g kleine Champignons — putzen, eventuell halbieren und zugeben.

30 g Butter
1/2 Bund Schnittlauch, in Röllchen geschnitten
1 TL gekörnte Gemüsebrühe
Pfeffer — über das Gemüse verteilen.

200 g Reis — in das Garkörbchen füllen.

1 Knoblauchzehe — in den Mixtopf geben. **5 Sekunden / Stufe 5** zerkleinern.

5 g Olivenöl — zugeben und **3 Minuten / Garstufe / Stufe 1** andünsten.

1 Liter heißes Wasser
2 geh. TL gekörnte Gemüsebrühe — zugeben. Das Garkörbchen einsetzen, den Topf verschließen, den Garaufsatz aufsetzen und **30 Minuten / Garstufe / Stufe 2** kochen. Zum Schluss das gegarte Gemüse mit dem Reis mischen.

Mit Zitronensoße (Seite 95) — servieren.

Nährwerte je 100 g:

83,08 kcal

347,47 KJ

2,35 g Eiweiß

2,35 g Fett

12,93 g Kohlenhydrate

1,35 g Ballaststoffe

1,07 BE

Spinatcreme mit Ei

350 g TK-Blattspinat	in einer Schüssel auftauen lassen. 10 Souffléförmchen mit Butter auspinseln.
1 Knoblauchzehe 1 kleine Zwiebel	in den Mixtopf geben und **5 Sekunden / Stufe 5** zerkleinern. Die Stückchen mit dem Spatel von den Topfwänden nach unten schieben.
20 g Butter	zugeben und **3 Minuten / Garstufe / Stufe 1** erhitzen.
10 g Weizenmehl Type 405	zugeben und weitere **2 Minuten / Garstufe / Stufe 2** dünsten.
Den aufgetauten Spinat 40 g Roséwein 1 TL gekörnte Gemüsebrühe Pfeffer, 1 Prise Muskatnuss 100 g Sahne	auspressen und in den Mixtopf geben. zugeben und **6 Minuten / 100°C / Stufe 2** erhitzen.
1 TL Trüffelöl	zugeben und **8 Sekunden / Stufe 9** pürieren.
Mit Salz & Pfeffer	abschmecken. Die Spinatcreme in Souffléförmchen füllen.
10 kleine Eier	Jeweils ein Ei aufschlagen und oben auf die Creme setzen.
Mit Pfeffer und gem. Muskatnuss	würzen. Die Förmchen im Garaufsatz und dem Einlegeboden verteilen.
500 g heisses Wasser	in den Mixtopf geben. Den Deckel verschließen. Garaufsatz aufsetzen. **20 Minuten / Garstufe / Stufe 2** garen.

Sofort servieren! Als Beilage z.B. Kartoffelpüree.

Nährwerte je 100 g:
128,37 kcal
537,85 KJ
7,17 g Eiweiß
10,10 g Fett
1,49 g Kohlenhydrate
1,03 g Ballaststoffe
0,13 BE

Balsamicofilet mit Rosenkohl an Senfbutter

1 Schweinefilet	von Sehnen befreien.
Mit Salz & Pfeffer 1 TL Rosmarin	würzen.
Mit Olivenöl	das Fleisch einreiben.
20 g körniger Senf 40 g Butter 1 TL Honig 1 TL Suppengewürz Pfeffer	Alle Zutaten in den Mixtopf geben. **2 Minuten / 80°C / Stufe 2** erhitzen und **6 Sekunden / Stufe 4** mischen. Umfüllen.
300 g Rosenkohl	putzen, am Strunk kreuzförmig einschneiden und in den Garaufsatz geben.
500 g heißes Wasser 2 TL Suppengewürz	in den Mixtopf geben.
600 g Kartoffeln	schälen, vierteln, ins Garkörbchen geben. In den Mixtopf einsetzen, den Topf verschließen und den Garaufsatz aufsetzen.
	Den Rosenkohl mit der Butter-Senfmischung übergießen (Bild 1).
	Den Einlegeboden in den Garaufsatz setzen, mit Alufolie auslegen und an den Seiten etwas hochziehen.
Das gewürzte Filet	in einer Pfanne auf allen Seiten anbraten.
Mit 1 MB Rotwein 1/2 MB Aceto balsamico	und ablöschen.

Nährwerte je 100 g:

85,82 kcal
359,08 KJ
9,16 g Eiweiß
2,61 g Fett
5,94 g Kohlenhydrate
1,30 g Ballaststoffe
0,45 BE

1 TL gekörnte Gemüsebrühe

zugeben.
Das Fleisch mit dem Sud in die Alufolie geben (Bild 2). Den Deckel auf den Garaufsatz legen.

30 Minuten / Garstufe / Stufe 2 garen. Fleisch in Scheiben schneiden und den Fleischsud zu der Brühe in den Mixtopf geben.

zugeben und **3 Minuten / 100°C / Stufe 4** erhitzen.

Mit Rosenkohl und Kartoffeln sofort servieren!

20 g Weizenmehl Type 405

91

Kartoffeltopf

100 g mittelalter Gouda	in den Mixtopf geben, **8 Sekunden / Stufe 5** zerkleinern. Umfüllen.
500 g Kartoffeln	schälen, in Scheiben schneiden. Locker im Garaufsatz verteilen (Bild 1).
1 rote Zwiebel	schälen, in Scheiben schneiden.
300 g Hähnchenbrustfilet	in Streifen schneiden.
Mit Kräutersalz & Pfeffer	würzen. Die Zwiebel mit dem Fleisch in wenig Öl in einer Pfanne kurz scharf anbraten. Über die Kartoffel im Garaufsatz verteilen (Bild 2).
200 g Wirsing	waschen, in Stücken in den Mixtopf geben. **5 Sekunden / Stufe 4** zerkleinern. Im Garaufsatz verteilen.
2 TL gekörnte Gemüsebrühe 1 Prise Pfeffer 200 g Schmand	über dem Wirsing verteilen.
250 g Kirschtomaten	halbieren und über dem Gemüse verteilen (Bild 3).
Mit Tomatenwürzsalz & Pfeffer	kräftig würzen.
100 g Schafskäse	würfeln, im Garaufsatz verteilen.
Zerkl. Gouda	über den Auflauf streuen.

Wichtig:

Darauf achten, dass genügend Luftschlitze des Garaufsatzes für optimale Dampfverteilung frei sind.

500 g heißes Wasser 2 TL gekörnter Gemüsebrühe	in den Mixtopf geben, Garaufsatz aufsetzen und **30 Minuten / Garstufe / Stufe 2** kochen.

Soße:

Garsud	im Mixtopf lassen.
100 g Kräuterfrischkäse 1/4 TL Pfeffer 20 g Weizenmehl Type 405	Für die Soße alle Zutaten in den Mixtopf geben und **3 Minuten / 100°C / Stufe 4** erhitzen.

Nährwerte je 100 g:
112,81 kcal
471,56 KJ
6,91 g Eiweiß
7,38 g Fett
4,48 g Kohlenhydrate
0,94 g Ballaststoffe
0,37 BE

Fischfilet im Kartoffelmantel

2 Schalotten
300 g Kartoffeln, mehlig, in Stücken
20 g Weizenmehl Type 405
1 Ei, Gr. M
100 g Gouda, in Stücken
1 TL gekörnte Gemüsebrühe
1/2 TL Salz, Pfeffer

Alle Zutaten in den Mixtopf geben und **5 Sekunden / Stufe 5** zerkleinern.

400 g Fischfilet

im kalten Wasser kurz abspülen und trocken tupfen.

Mit Apfelessig

säuern.

Mit Salz und Pfeffer

würzen.

Mit etwas Weizenmehl Type 405

bestäuben.

Öl

in einer beschichteten Pfanne erhitzen. Den Fisch von einer Seite kurz anbraten und wenden. Die Hälfte vom Kartoffelgemisch darauf verteilen, die Fischfilets umdrehen und die restlichen Kartoffeln auf der oberen Seite verteilen. Die Filets solange beidseitig anbraten, bis die Kartoffeln knusprig sind.

Mit einem gemischten Salat servieren.

Nährwerte je 100 g:

140,64 kcal
587,79 KJ
11,87 g Eiweiß
6,99 g Fett
7,18 g Kohlenhydrate
1,00 g Ballaststoffe
0,60 BE

Zitronensoße

2 Knoblauchzehen
1 kleine Zwiebel
1/2 TL Rosmarin

in den Mixtopf geben und **5 Sekunden / Stufe 5** zerkleinern. Die Stückchen an den Topfwänden mit dem Spatel nach unten schieben.

10 g Olivenöl

zugeben und **3 Minuten / Garstufe / Stufe 1** andünsten.

30 g Zitronensaft
120 g Orangensaft
1/4 TL Thymian
2 TL gekörnte Gemüsebrühe
120 g Wasser
20 g Sojasauce
20 g Akazienhonig
1/2 TL Cayennepfeffer
1 Prise Salz
1 gestr. TL Ingwerpulver
15 g Weizenmehl Type 405

zugeben und **10 Sekunden / Stufe 4** mischen und **15 Minuten / 100°C / Stufe 2** kochen. Abschmecken!

Die Soße passt zu Nudeln, Fisch oder Gemüse.

Nährwerte je 100 g:

- 85,75 kcal
- 359,05 KJ
- 1,80 g Eiweiß
- 3,30 g Fett
- 11,55 g Kohlenhydrate
- 0,83 g Ballaststoffe
- 0,96 BE

Tipp:

Kochen Sie gleich die mehrfache Menge. Die Soße sofort in heiß ausgespülte Marmeladengläser füllen und umgehend verschließen. So haben Sie diese vielseitige Soße jederzeit verfügbar.

Gefüllter Kalbsbraten

Ca. 1 kg Kalbsbraten	In den Braten eine Tasche schneiden.
Sonnenblumenöl	Das Fleisch außen mit einreiben. Innen und außen mit
Orangensalz (Seite 109)	würzen. In eine Auflaufform legen.
60 g Zwiebeln	halbiert in den Mixtopf geben.
1 Knoblauchzehe	zugeben und **5 Sekunden / Stufe 5** zerkleinern.

100 g Zucchini, in Stücken
100 g mittelalter Gouda, in Stücken
1 Ei, Gr. M
2 Scheiben Toast, in Stücken
1 Handvoll Petersilie
40 g eingel. getrocknete Tomaten
2 TL gekörnte Gemüsebrühe
1/2 TL Cayennepfeffer

Alle Zutaten in den Mixtopf zugeben und **5 Sekunden / Stufe 5** zerkleinern (Bild 1). Die Masse in die Bratentasche füllen und mit einem Schaschlikspieß fixieren (Bild 2).

300 g heißes Wasser
2 TL gekörnte Gemüsebrühe
100 gr Roséwein

in die Auflaufform zum Fleisch geben.

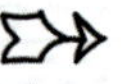 Im Backofen ca. **60 Minuten bei 210°C Ober- / Unterhitze** garen.

Tipp:

Gleichzeitig das Kartoffelgratin (Seite 102) mitgaren!

Für die Soße:

Den Garsud des Braten in den Mixtopf gießen.

100 g Sahne
25 g Weizenmehl Type 405

zugeben. **3 Minuten / Garstufe / Stufe 4** erhitzen.

Spätzlegratin

250 g Dinkelmehl Type 630
4 Eier, Gr. M
1/2 gestr. TL Salz
80 g Wasser

in den Mixtopf geben und **15 Sekunden / Stufe 6** vermengen.

In einen großen Topf mit Salzwasser entweder Spätzle vom Brett schaben oder Teig durch eine Spätzlepresse drücken. Abgetropft warmstellen.

1 Knoblauchzehe

schälen, in den Mixtopf geben. **5 Sekunden / Stufe 5** zerkleinern.

10 g Sonnenblumenöl

zugeben und **3 Minuten / Garstufe / Stufe 1** dünsten.

30 g gewürfelten Katenschinken

zugeben und **2 Minuten / Garstufe / Stufe 1** dünsten.

300 g Blattspinat, aufgetaut u. ausgedrückt
1 TL gekörnte Gemüsebrühe
Pfeffer

zugeben und **10 Sekunden / Stufe 2** mischen. **3 Minuten / 90°C / Stufe 2** garen.

Zuerst Spätzle, dann Spinat, dann nochmals Spätzle in eine gefettete Auflaufform schichten.

70 g Röstzwiebel

darüberstreuen. Eine weitere Schicht Spätzle darauf verteilen. Mit der Käsesoße übergießen.

Käsesoße:

40 g Butter

in den Mixtopf geben. **2 Minuten / Garstufe / Stufe 1** erhitzen.

30 g Dinkelmehl Type 630

zugeben und **3 Minuten / Garstufe / Stufe 3** rühren.

150 g Höhlenkäse, in Stücken
Salz, Pfeffer
Rosenpaprika, Muskat
150 g Sahne

100 g Wasser

Restliche Zutaten zugeben und **5 Sekunden / Stufe 5** mischen. **3 Minuten / 90° / Stufe 2** garen.

 Bei **220°C Ober- / Unterhitze** im vorgeheizten Backofen ca. 20 Minuten überbacken.

Nährwerte je 100 g:
205,26 kcal
860,18 KJ
8,48 g Eiweiß
11,54 g Fett
16,70 g Kohlenhydrate
2,67 g Ballaststoffe
1,39 BE

Sauerbraten

1 Knoblauchzehe
40 g Sellerie
60 g Zwiebeln
150 g Möhren
40 g Frühlingszwiebeln
1 Handvoll Petersilie
1 EL Rosmarinnadeln
1 EL Pfefferkörner
1 gestr. EL Meersalz

Gemüse putzen, in Stücke schneiden. In den Mixtopf geben (Bild 1). Kräuter und Gewürze zugeben und **5 Sekunden / Stufe 4-5** zerkleinern.

100 g Aceto balsamico
500 g Rotwein
10 g Cognac
2 Lorbeerblätter
5 Wacholderbeeren
2 Pimentkörner

Restliche Zutaten und Gewürze (am besten in einem Teebeutel verpackt) zugeben und **9 Minuten / 100°C / Stufe 2** erhitzen.

1 kg Rinderschmorbraten

in eine Schüssel geben und die heiße Marinade mit den Gewürzen über das Fleisch geben. Zugedeckt mindestens 4 Tage im Kühlschrank ziehen lassen (Bild 2). 1-2 mal am Tag in der Marinade wenden.

Nach dieser Zeit den Sud für die Soße abgießen und beiseite stellen.

30 g Speckwürfel

in einem Bräter erhitzen, das Fleischstück von allen Seiten anbraten.

Mit Pfeffer

das Fleisch würzen. 1 Messbecher (100 ml) vom Sud zugießen und verdunsten lassen. Dies noch 2mal wiederholen. Das abgesiebte Gemüse und den Rest vom Sud zugeben. Mindestens 90 Minuten bei geschlossenem Deckel und mittlerer Hitze schmoren lassen. Ab und zu den Braten wenden und mit dem Sud übergießen.

Nährwerte je 100 g:

120,11 kcal
503,70 KJ
10,31 g Eiweiß
7,43 g Fett
2,80 g Kohlenhydra
0,53 g Ballaststoff
0,15 BE

Den Braten in Scheiben schneiden. Den Garsud mit dem Gemüse in den Mixtopf umfüllen. Das Säckchen mit den Gewürzen herausnehmen.

200 g saure Sahne

zugeben und **4 Minuten / 100°C / Stufe 4** erhitzen. Die Soße **20 Sekunden / Stufe 9** pürieren.

<u>*Meine Empfehlung:*</u>

mit Rotweinbutter (Seite 82) und Brokkolipuffer (Seite 104) servieren. Als Beilage passt auch gut Rotkrautsalat (siehe Rezept im Buch „Italien-Griechenland).

Schnelles Kartoffelgratin

1 kleine Knoblauchzehe

in den Mixtopf geben und **5 Sekunden / Stufe 5** zerkleinern.

600 g Kartoffeln

schälen, in Stücken zugeben (Bild 1).

60 g mittelalter Gouda
1 Ei, Gr. M
100 g Sahne
200 g Schmand
2 TL Suppengewürz
Pfeffer, 2 Prisen Muskat

Restliche Zutaten zugeben und **8 Sekunden / Stufe 4-5** zerkleinern (Bild 2).

Im Backofen **ca. 60 Minuten bei 210°C Ober- / Unterhitze** garen.

Nährwerte je 100 g:

157,89 kcal

661,31 KJ

4,39 g Eiweiß

11,23 g Fett

9,65 g Kohlenhydrate

1,32 g Ballaststoffe

0,80 BE

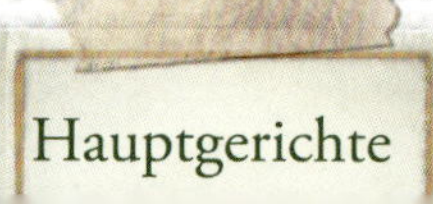
Hauptgerichte

1
2

Brokkolipuffer

1 Knoblauchzehe

in den Mixtopf geben und **5 Sekunden / Stufe 5** zerkleinern.

150 g Brokkoli
350 g Kartoffeln, geschält

in Stücken zugeben.

1 Ei, Gr. M
30 g Weizenmehl Type 405
1 Prise Muskat
Pfeffer
2 TL gekörnte Gemüsebrühe

Restliche Zutaten zugeben und **5 Sekunden / Stufe 4** zerkleinern.

Butterschmalz oder Öl

in einer beschichteten Pfanne kleine Puffer pro Seite 5 Minuten goldbraun ausbacken. Im Backofen bei 50°C Ober- / Unterhitze warmhalten.

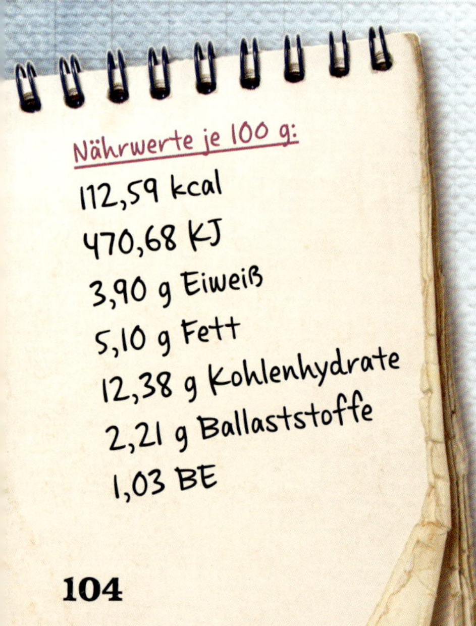

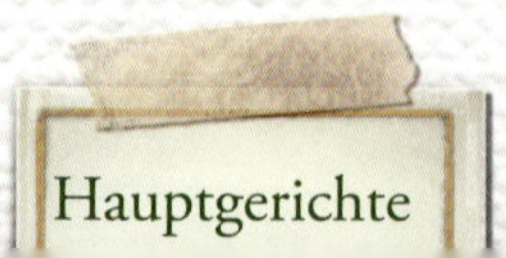

Käsefondue

1 Knoblauchzehe	in den Mixtopf geben und **5 Sekunden / Stufe 5** zerkleinern.
200 g mittelalter Gouda 200 g Appenzellerkäse 100 g Tilsiter	Käse in grobe Stücke schneiden, zugeben und **10 Sekunden / Stufe 7** zerkleinern.
220 g Roséwein 20 g Speisestärke Salz, Cayennepfeffer 1 Prise Muskat	Restliche Zutaten zugeben. **6 Minuten / 90°C / Stufe 2** erhitzen, danach **10 Sekunden / Stufe 9** vermischen.
10 g Obst-Korn	durch die Deckelöffnung zugeben und **20 Sekunden / 80°C / Stufe 2** vermischen.

In eine Fondueschüssel umfüllen.

Andere Variante:

Von dem Fonduebrot (am besten vom Vortag) einen Deckel abschneiden, aushöhlen und die Innenwand des Brotes mit Olivenöl einpinseln. Das Brot in Alufolie wickeln und das heiße Käsefondue einfüllen. Die Öffnung auch mit Alufolie verschließen und im Backofen bei 200°C ca. 20 Minuten erhitzen.

Sofort servieren und genießen!

Tipp:

Brokkoliröschen, Möhrenscheiben, Champignons	eignen sich ebenfalls gut für das Käsefondue. Diese in das Garkörbchen füllen.
400 g heißes Wasser 1 TL gekörnter Gemüsebrühe	in den Mixtopf geben. **10 Minuten / Garstufe / Stufe 2** garen.

Auch Obststücke (wie Trauben, Birnenstücke) passen sehr gut für ein Käsefondue!

Hauptgerichte

Nährwerte je 100 g:
283,63 kcal
1187,39 KJ
16,90 g Eiweiß
19,63 g Fett
2,99 g Kohlenhydrate
0,04 g Ballaststoffe
0,25 BE

Herzoginkartoffeln

Rühraufsatz einsetzen!

800 g Kartoffeln, mehlig

schälen, waschen, würfeln und in den Mixtopf geben.

300 g Vollmilch
1 gestr. Tl Salz
40 g Butter

zugeben und **10 Minuten / Garstufe / Linkslauf / Stufe 1** kochen. Dann nochmals ca. **20 Minuten / 100°C / Stufe 1** weiterkochen, bis die Kartoffeln zerfallen.

Mit Salz und 3 Prisen Muskat

abschmecken und abkühlen lassen!

2 Eigelbe

zugeben und dann mit dem Rühraufsatz **8 Sekunden / Stufe 2** unterrühren.

Auf ein mit Backfolie ausgelegtes Backblech 4 cm hohe Rosetten spritzen und im Backofen bei **200°C Ober- / Unterhitze ca. 15 Minuten** überbacken.

Nährwerte je 100 g:

102,86 kcal
431,55 KJ
2,87 g Eiweiß
5,03 g Fett
11,23 g Kohlenhydrate
1,52 g Ballaststoffe
0,93 BE

Hauptgerichte

Orangensalz

Schale von 1 unbehandelten Orange, getrocknet
1 EL Rosmarin
1 TL Pfefferkörner
40 g Meersalz

Alle Zutaten in den Mixtopf geben und **15 Sekunden / Stufe 10** pulverisieren.

Nährwerte je 100 g:

45,15 kcal

189,13 KJ

0,75 g Eiweiß

1,23 g Fett

7,32 g Kohlenhydrate

1,45 g Ballaststoffe

0,61 BE

Butterkuchen mit Kiwis

⇉ Den Backofen auf 225°C Ober- / Unterhitze vorheizen.

50 g Butter

in Stücken in den Mixtopf geben.

40 g Zucker
1 Prise Salz
200 g Weizenmehl Type 405
1 Ei, Gr. M
20 g Vollmilch
1/2 Päckchen Backpulver

Restliche Zutaten für den Teig zugeben und **15 Sekunden / Stufe 6** vermischen (Bild 1). Den Teig auf eine Arbeitsmatte umfüllen und von Hand kurz zusammenkneten.

Teig zu einem runden Kreis formen und auf ein mit Backpapier ausgelegtes Blech legen.

5 Kiwi

schälen, in Scheiben schneiden, auf dem Teig verteilen (Bild 2).

⇉ Bei **225°C Ober-/ Unterhitze** auf unterer Schiene **10 Minuten** backen.

80 g Butter
50 g Zucker
30 g Weizenmehl Type 405
30 g Vollmilch
100 g Mandelblättchen

im Mixtopf **3 Minuten / 100°C /Linkslauf / Stufe 1** erhitzen und über den Kuchen verteilen (Bild 3). Nochmals bei **200°C Ober-/ Unterhitze 10 Minuten** backen.

Nährwerte je 100 g:

332,88 kcal
1393,62 KJ
6,13 g Eiweiß
19,76 g Fett
32,29 g Kohlenhydrate
3,80 g Ballaststoffe
2,69 BE

550

Backen

Muttis Linzerl

200 g Mandeln

⟫ Den Backofen auf **200°C Ober- / Unterhitze** vorheizen.

in den Mixtopf geben und **5 Sekunden / Stufe 7** zerkleinern.

350 g Weizenmehl Type 405
130 g Zucker
1/2 TL Zimt
250 g Butter, in Stücken
1 Ei, Gr. M
1 Msp. Nelken
15 g Kirschwasser
1/2 Päckchen Backpulver
40 g lösl. Trinkschokolade

Restliche Zutaten zugeben und **15 Sekunden / Stufe 6 mit Hilfe des Spatels** und **40 Sekunden / Knetstufe** vermischen. Wichtig! Nicht länger kneten, ansonsten wird die Butter flüssig. Auf die Arbeitsfläche geben und mit Mehl zu einer Kugel formen. 1 Stunde kalt stellen.

Danach in zwei Hälften teilen (Bild 1) und eine Hälfte für die Kuchenform auswellen.

250 g Himbeermarmelade

auf die Teigplatte streichen (Bild 2).

die zweite Teigplatte

Mit einem Teigrädchen
in Streifen schneiden (Bild 3), Monde oder Sterne ausstechen und damit den Kuchen verzieren.

Mit
die Verzierungen bestreichen (Bild 4).

1 Eigelb

⟫ Im vorgeheizten Backofen bei **200°C Ober-/ Unterhitze** auf mittlerer Schiene **30 Minuten** backen.

Nährwerte je 100 g:

435,11 kcal
1821,92 KJ
6,67 g Eiweiß
25,62 g Fett
44,70 g Kohlenhydra
3,71 g Ballaststoffe
3,73 BE

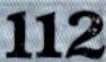

Backen

Mohnplätzchen

100 g Zucker

250 g Weizenmehl Type 405
80 g kalte Butter, in Stücken
1 TL Backpulver
1 Ei, Gr. M
30 g Mohn
20 g Vollmilch

➤➤ Den Backofen auf **180°C Ober- / Unterhitze** vorheizen.

im Mixtopf **10 Sekunden / Stufe 10** pulverisieren.

Alle Zutaten in den Mixtopf geben und **20 Sekunden / Stufe 4** vermengen (Bild 1). Den Teig auf eine Arbeitsmatte umfüllen und von Hand kurz zusammenkneten.

Teig in Folie 1 Stunde in den Kühlschrank legen (Bild 2).

➤➤ Den Teig auswellen, Plätzchen ausstechen (Bild 3) und auf der zweiten Schiene von unten bei **180°C Ober- / Unterhitze ca. 16 Minuten** backen.

Nährwerte je 100 g:

385,90 kcal
1616,27 KJ
8,05 g Eiweiß
16,96 g Fett
50,10 g Kohlenhydrate
3,54 g Ballaststoffe
4,18 BE

Backen

Weihnachtsstollen

⊳⊳ Den Backofen auf **180°C Ober- / Unterhitze** vorheizen.

120 g Mandeln — im Mixtopf **5 Sekunden / Stufe 7** zerkleinern.

100 g getr. Aprikosen
10 g Rum
20 g Rosinen — dazugeben. **8 Sekunden / Stufe 5** vermischen. Umfüllen (Bild 1).

250 g Vollmilch
150 g weiche Butter
1 Ei, Gr. M — in den Mixtopf geben und **2 ½ Minuten / 37°C / Stufe 1** erwärmen.

500 g Weizenmehl Type 405
1 gestr. TL Salz
30 g Hefe
100 g Zucker — zugeben und **5 Minuten / Knetstufe** vermengen. Umfüllen.

Zugedeckt 30 Minuten gehen lassen.

Mandel-Aprikosengemisch — von Hand unterkneten und zu einem Laib formen.

Für das Marzipan mit einem Messer eine Mulde formen.

200 g Marzipan, in Stücken — hineinlegen (Bild 2), Laib zudrücken (Bild 3) und zugedeckt auf dem Backblech nochmals 30 Minuten gehen lassen.

⊳⊳ Bei **180°C Ober- / Unterhitze ca. 45 Minuten** backen.

Nährwerte je 100 g:
360,54 kcal
1509,43 KJ
8,41 g Eiweiß
18,33 g Fett
40,13 g Kohlenhydrate
4,96 g Ballaststoffe
3,34 BE

Spritzgebäck

☞ Den Ofen auf **200°C Ober-/Unterhitze** vorheizen.

1 Kuchenglasur, zartbitter

zum Schmelzen ungeöffnet in ein hohes Gefäß mit heißem Wasser stellen, siehe Bild 1.

Rühraufsatz einsetzen!

125 g weiche Butter
125 g Backmargarine (z. B. Rama)
200 g Zucker
2 Pck. Vanillezucker
6 Eigelb (Größe M)

Alles zugeben und **30 Sekunden / Stufe 3** schaumig rühren.

Rühraufsatz entfernen!

250 g Weizenmehl Type 405

zugeben und **15 Sekunden / Stufe 5** rühren.

250 g Weizenmehl Type 405

zugeben und nochmals **15 Sekunden / Stufe 6** rühren.

1 Stunde zugedeckt im Kühlschrank ruhen lassen.

☞ Mit dem Spritzbeutel oder einer Gebäckpresse (Bild 2) Ringe, S-Formen auf ein gefettetes Blech spritzen (Bild 3) und **12 Minuten bei 200°C Ober- / Unterhitze** backen.

Mit der geschmolzenen Schokolade das Gebäck verzieren.

Nährwerte je 100 g:

445,13 kcal
1863,10 KJ
6,96 g Eiweiß
22,90 g Fett
52,74 g Kohlenhydrate
2,92 g Ballaststoffe
4,40 BE

Kuvertüre
Fix
Zartbitter
54% Kakao
EINFACH
portioniert
SCHNELL
aufgelöst

1

2

3

Lebkuchen-Tiramisu

200 g Lebkuchen ohne Oblaten

halbiert in den Mixtopf geben (Bild 1) und **5 Sekunden / Stufe 5** zerkleinern.

Umfüllen.

100 g Glühwein

im Mixtopf **12 Minuten / 90°C / Stufe 1** erhitzen, zerkleinerte Lebkuchen zugeben und **8 Sekunden / Stufe 3** verrühren. Umfüllen.

200 g Magerquark
250 g Mascarpone
80 g Schlagsahne
2 Pck. Vanillezucker

Restliche Zutaten in den Mixtopf geben und **15 Sekunden / Stufe 4** mischen.

Lebkuchenmasse und Quarkcreme abwechselnd in eine Schüssel schichten. Mit Lebkuchen beginnen und mit Quark aufhören.

Mindestens 3 Stunden kaltstellen.

Vor dem Servieren mit bestreuen (Bild 2).

Kakaopulver

Nährwerte je 100 g:

262,99 kcal

1101,93 KJ

8,80 g Eiweiß

17,06 g Fett

17,26 g Kohlenhydrate

1,38 g Ballaststoffe

1,44 BE

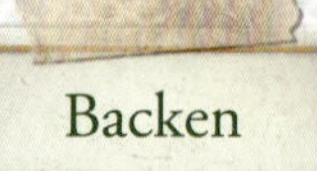

Tiramisu-Eis

Puderzucker herstellen:

80 g Zucker — in den Mixtopf geben, **15 Sekunden / Stufe 10** pulverisieren (Bild 1) und umfüllen.

200 g Sahne — in den kalten Mixtopf geben und auf **Stufe 10** schlagen (Bild 2).

Jetzt Rühraufsatz einsetzen!

250 g Mascarpone
100 g starker kalter Kaffee
80 g Puderzucker, siehe oben
20 g Amaretto-Likör — Restliche Zutaten zugeben. **30 Sekunden / Stufe 3** rühren.

1 Päckchen Löffelbiskuit (200 g) — Eine Königskuchenform mit Biskuits auslegen (Bild 3).

100 g kalter Kaffee
50 g Amaretto — vermischen und für die nächste Lage die Biskuits darin tauchen (erste Lage längs, zweite Lage quer einschichten - Bild 4)

Dann vorsichtig die Eismasse darübergeben (Bild 5) und mindestens 6 Stunden gefrieren lassen.

Vor dem Servieren mit bestäuben.

Kakao

<u>Nährwerte je 100 g:</u>
280,46 kcal
1174,,96 KJ
5,76 g Eiweiß
15,69 g Fett
25,59 g Kohlenhydrate
0,40 g Ballaststoffe
2,13 BE

Rumkugeln

100 g Vollmilchschokolade
100 g Zartbitterschokolade

200 g Marzipan, in Stücken
20 g weiche Butter
10 g Rum

in Schokostreuseln

und
in Stücken in den Mixtopf geben und **10 Sekunden / Stufe 9** zerkleinern.

Restliche Zutaten zugeben und **10 Sekunden / Stufe 4** vermischen.

Aus der Masse Rollen von ca. 1 cm Durchmesser formen und je 1,5 cm abschneiden. Daraus eine Kugel formen und wälzen.

Am besten im Kühlschrank aufbewahren.

Nährwerte je 100 g:
506,06 kcal
2119,00 KJ
8,99 g Eiweiß
32,74 g Fett
43,18 g Kohlenhydrate
8,09 g Ballaststoffe
3,60 BE   5 5 0

Backen

Eiskonfekt

100 g Vollmilchschokolade
200 g Zartbitterschokolade
40 g Palmin

80 g Sahne
40 g Cappuccinopulver

Palmin und Schokolade in Stücken in den Mixtopf geben. **5 Sekunden / Stufe 8** zerkleinern.

zugeben und **4 ½ Minuten / 50°C / Stufe 2** erwärmen. **5 Sekunden / Stufe 4** mischen. Mixtopf 30 Minuten in den Kühlschrank stellen.

Dann die Schokomasse nochmals **3 Minuten / Stufe 4** rühren. Anschließend in einen Spritzbeutel mit Sterntülle geben und Türmchen in Alu- oder Silikonförmchen spritzen.

Kalt genießen!

Baumstämmle

200 g Kuchenglasur, dunkel

ungeöffnet in ein hohes Gefäß mit heißem Wasser stellen.

200 g Marzipanrohmasse, in Stücken
1/2 TL Rosenwasser
1 gestr. TL Puderzucker

im Mixtopf **10 Sekunden / Stufe 4** vermischen.

Von Hand zur Kugel formen und auf einer Folie dünn auswellen (Bild 1).

1 Pck. Nougatrohmasse (200 g)

längs in 8 Streifen schneiden. Dann längs so halbieren, dass im Querschnitt Quadrate entstehen (Bild 2). Diese mit Marzipan umwickeln (Bild 3+4).

1/4 Liter heißes Wasser

in den Mixtopf geben. Mixtopf verschließen, einen tiefen Teller aufsetzen und die Kuchenglasur hineingießen.

Die Stämme darin wenden (während dieser Zeit ca. **10 Minuten / Garstufe / Stufe 1** das Wasser kochen lassen, damit die Kuchenglasur flüssig bleibt - Bild 5).

Die Stämme auf einem mit Frischhaltefolie belegten Gitter abkühlen lassen.

Nährwerte je 100 g:

470,21 kcal

1968,68 KJ

9,97 g Eiweiß

25,94 g Fett

49,27 g Kohlenhydrate

9,11 g Ballaststoffe

4,11 BE

Rosenmuffins

Die Mulden einer Muffinsform einfetten.

100 g getr. Cranberries — in den Mixtopf geben und **5 Sekunden / Stufe 5** zerkleinern. Umfüllen!

150 g Vollmilch
100 g Butter — in den Mixtopf geben und **3 Minuten / 37°C / Stufe 1** erwärmen.

500 g Dinkelmehl Type 630
1 gehäufter TL Meersalz
70 g Rohrzucker
30 g Hefe — in den Mixtopf abwiegen. **4 Minuten / Knetstufe** zu einem Hefeteig verarbeiten. Zugedeckt 30 Minuten gehen lassen.

Zerkleinerte Cranberries — zugeben und nochmals **40 Sekunden /Knetstufe** kneten.

Den Teig zu einem Rechteck ausrollen (Länge 48 cm, Breite wie es hinkommt).

Mit 20 g flüssiger Butter — bestreichen (Bild 1). Die Platte in 12 Streifen schneiden (ca. 4 cm breit) und diese zu je einer Rose aufrollen. Die Rosen in die Mulde der Muffinsform setzen (Bild 2).

Den Backofen auf **200°C Ober- / Unterhitze** vorheizen.

Die Teiglinge nochmals zugedeckt **20 Minuten** gehen lassen.

Im vorgeheizten Backofen bei **200°C Ober- / Unterhitze ca. 15 Minuten** backen.

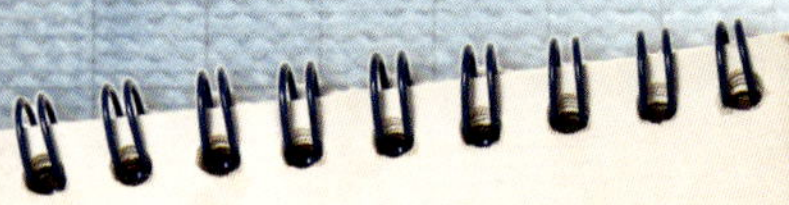

Nährwerte je 100 g:

336,40 kcal
1283,69 KJ
6,86 g Eiweiß
10,53 g Fett
53,35 g Kohlenhydrate
3,88 g Ballaststoffe
3,84 BE

Backen

1

2

Erklärungen:

Begriffe:

Begriff *„in Stücken“* - die Stücke einer Zutat gerade so groß schneiden, dass sie durch die Deckelöffnung passen, auch wenn Sie die Zutat direkt in den geöffneten Topf schneiden.

Garstufe - die höchste Temperaturstufe (Varomastufe)

Garaufsatz - hier ist der Aufsatz (mit durchsichtigem Deckel) gemeint, der auf den geschlossenen Topf aufgesetzt wird.

Einlegeboden - der Zwischenboden mit Löchern, der beim Bedarf in den Garaufsatz eingesetzt wird.

Garkörbchen - das gelochte Sieb, das direkt in den Topf eingehängt wird.

Abkürzungen:

MB - Messbecher, mit dem man den Topfdeckel verschließt, (100 ml)

Msp. - Messerspitze

TL - Teelöffel

EL - Esslöffel

KH - Kohlenhydrate

BE - Broteinheiten

Nährwerte sind für 100 g angegeben. Falls Sie die WW-Punkte verwenden, ist es Ihnen möglich, sie mit dem Kalkulator selber zu berechnen. Alle notwendigen Angaben, die Sie für die Berechnung mit dem ProPoints® Kalkulator benötigen, haben wir in den Nährwerten aufgeführt.

Die Gerichte sind für *4 Personen* berechnet.

Index

H

I

K

P

S

Z

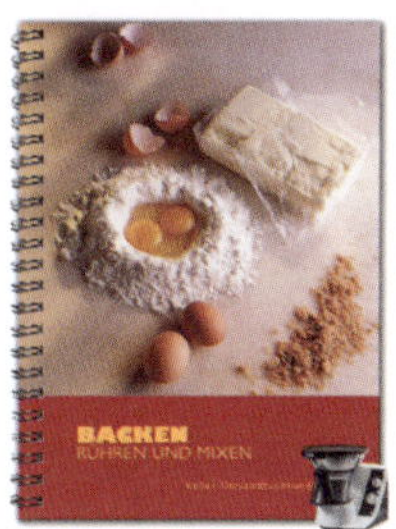

BACKEN, RÜHREN, MIXEN

Ein sehr umfangreiches Backbuch mit 120 Rezepten. Inclusive Weihnachtsbäckerei ist alles dabei.
Best.-Nr. 001 • Preis € 12,-

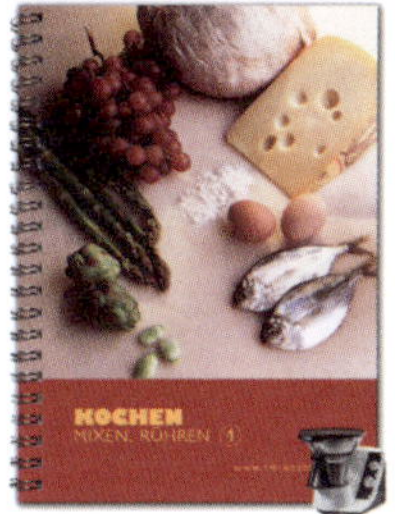

KOCHEN, RÜHREN, MIXEN TEIL 1

Unser Grundkochbuch für die TM21-Benutzer. Alle wichtigsten Rezepte für den Anfang.
Best.-Nr. 002 • Preis € 12,-

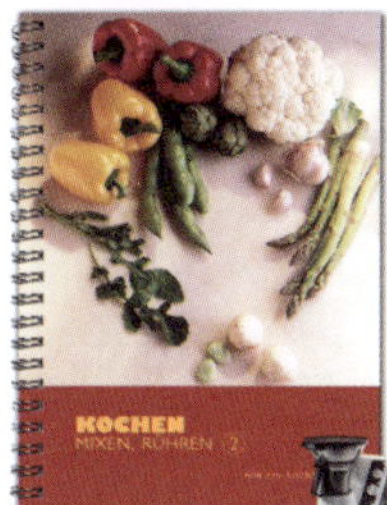

KOCHEN, RÜHREN, MIXEN TEIL 2

Der zweite Band von unserem Grundkochbuch für die TM21-Benutzer. Rezepte für den Anfang.
Best.-Nr. 003 • Preis € 12,-

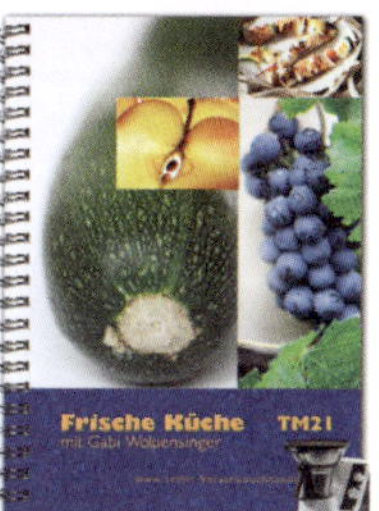

FRISCHE KÜCHE

Hier Ausgabe für TM21. Schnelle, leichte und gemüsereiche Kost. Viele Rezepte für den Garaufsatz.
Best.-Nr. 017 • Preis € 12,-

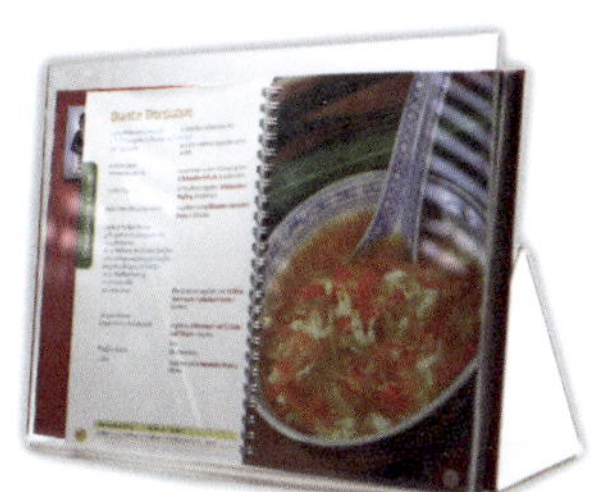

Nützliche Küchenhelfer

BUCHSTÄNDER

Mit diesem Ständer steht Ihr Kochbuch direkt auf dem Arbeitsplatz und die Seiten sind gut geschützt.

KOCHEN, DÜNSTEN, GAREN

Rezeptbuch für den Garaufsatz. Komplette Menüs, viele Suppen, Soßen, Aufläufe und Hauptgerichte.
Best.-Nr. 004 • Preis € 12,-

GETRÄNKE & BROTAUFSTRICHE

50 alkoholfreie Getränke, 50 süße und herzhafte Aufstriche. Zum Selbermachen.
Best.-Nr. 005 • Preis € 12,-

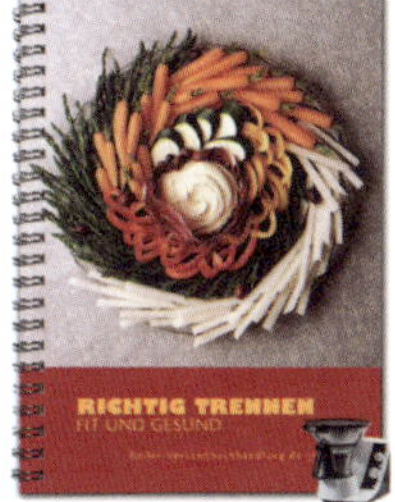

RICHTIG TRENNEN

Ein Trennkostbuch für TM21-Benutzer. 111 erprobte Rezepte mit Nährwerten und Trennkost-Kennzeichnung.
Best.-Nr. 006 • Preis € 12,-

JAHRESZEITEN

Hier Ausgabe für den TM21. Kochen mit den Jahreszeiten. Mit den jahreszeitüblichen Zutaten.
Best.-Nr. 018 • Preis € 12,-

BESCHICHTETE BACKFORMEN

Ideal zum Abbacken knuspriger Brötchen und Baguettes.

FLEISCHLOSE TAGE TEIL 1

100 Vollwertrezepte mit Nährwertangaben. Bratlinge, vollwertiges Frühstück, Vollwertbäckerei, Suppen und Hauptgerichte.
Best.-Nr. 007 • Preis € 12,-

FLEISCHLOSE TAGE TEIL 2

Kochbuch für Allergiker. Glutenfreie Rezepte, mit Reis, Mais und Buchweizen. Und für Milcheiweißallergiker Rezepte mit Tofu und Soja.
Best.-Nr. 008 • Preis € 12,-

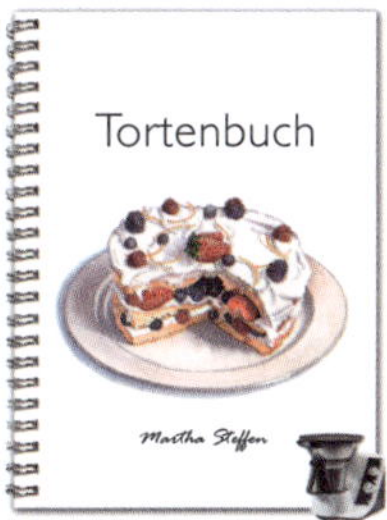

TORTENBUCH

100 erprobte Tortenrezepte, Schritt für Schritt geschrieben, dass alles sicher gelingt. Zaubern Sie perfekte Torte zu jedem Anlass.
Best.-Nr. 009 • Preis € 12,-

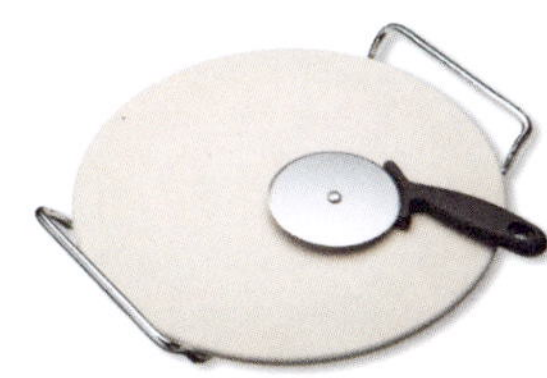

PIZZASTEIN MIT SCHNEIDEMESSER

Zum Backen von Pizza (frisch oder gefroren), Brot und Brötchen oder Kuchen. 32 cm groß und mit Griffen zum Servieren.

Bücher für das Modell TM31

KOCHSCHULE 1

Das richtige Buch für TM-Anfänger. Große Vielfalt an Rezepten der täglichen Küche.
Best.-Nr. 011 • Preis € 13,50

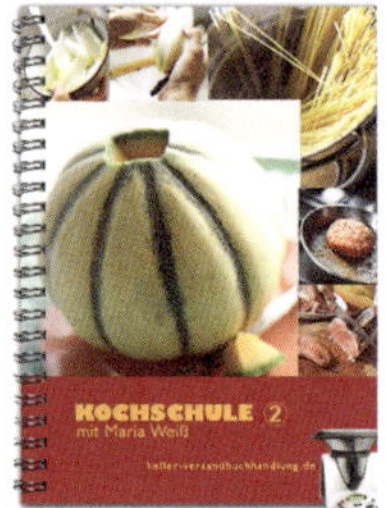

KOCHSCHULE 2

Hier der zweite Band. Unkomplizierte, schnelle Rezepte.
Best.-Nr. 012 • Preis € 13,50

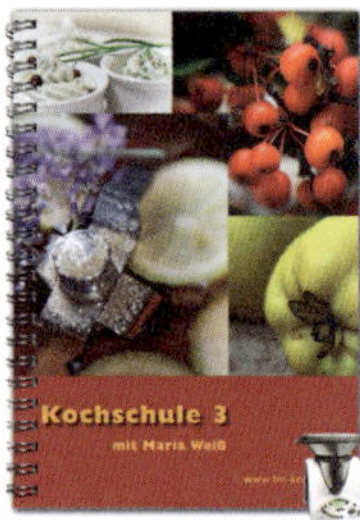

KOCHSCHULE 3

Der dritte Band. Unkomplizierte, bodenständige Rezepte.
Best.-Nr. 024 • Preis € 16,50
BUCH MIT FOTOS!

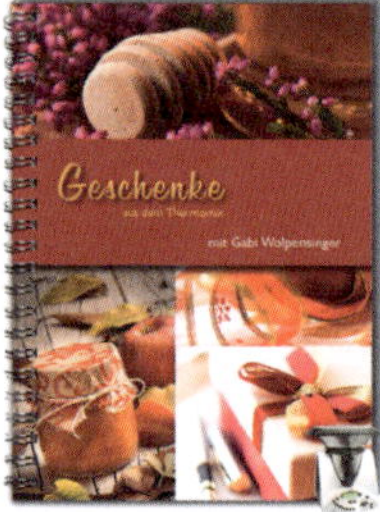

GESCHENKE

Geschenke für Ihre Liebsten aus dem Thermomix - gekocht und gebacken.
Best.-Nr. 026 • Preis € 15,50
BUCH MIT FOTOS!

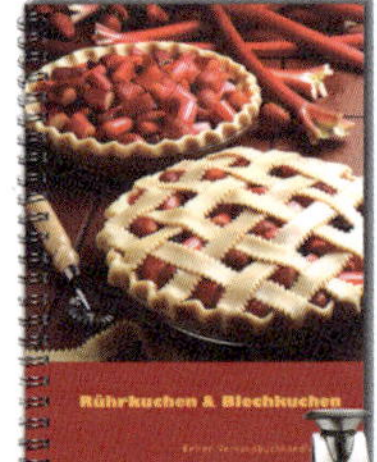

BLECH- U. RÜHRKUCHEN

Die schnellsten Kuchen. 50 Rezepte für Blechkuchen und 50 Rezepte für Rührkuchen.
Best.-Nr. 010 • Preis € 12,-

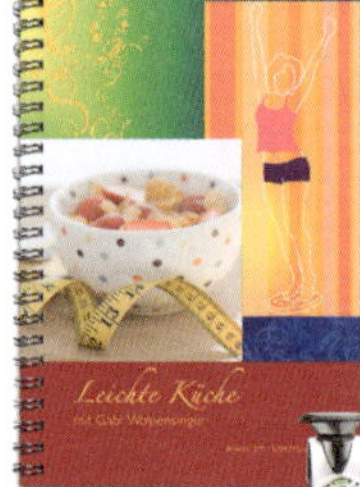

LEICHTE KÜCHE

Rezepte, die nichts am Genuss einbüßen und obendrein gesund sind.
Best.-Nr. 020 • Preis € 16,50
BUCH MIT FOTOS!

SCHNELLE KÜCHE

Gerichte, die man im Handumdrehen zubereiten kann. Tägliche, unkomplizierte Küche.
Best.-Nr. 021 • Preis € 16,50
BUCH MIT FOTOS!

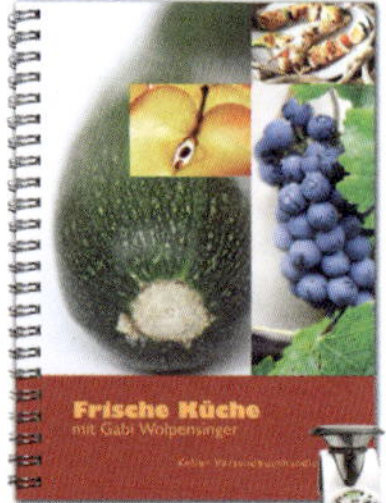

FRISCHE KÜCHE

Schnelle, leichte und gemüsereiche Kost. Viele Rezepte für den Garaufsatz.
Best.-Nr. 014 • Preis € 13,50

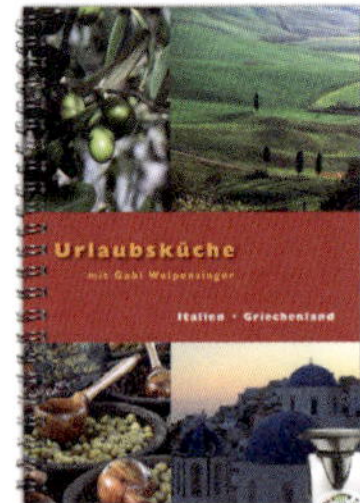

URLAUBSKÜCHE 1

Rezepte zum Träumen. Das Feeling von Sonne und Meer zu Hause zum Nachkochen.
Best.-Nr. 022 • Preis € 16,50
BUCH MIT FOTOS!

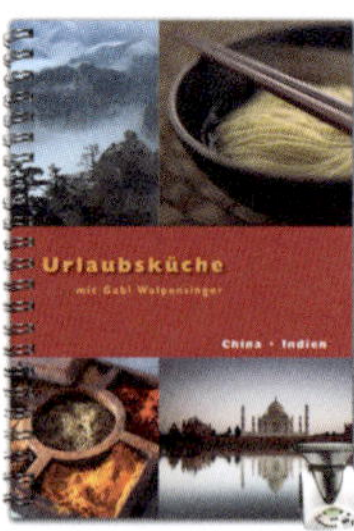

URLAUBSKÜCHE 2

Fernöstliche Leckereien aus Ihrem Thermomix. Süß, sauer und gerne auch scharf.
Best.-Nr. 023 • Preis € 16,50
BUCH MIT FOTOS!

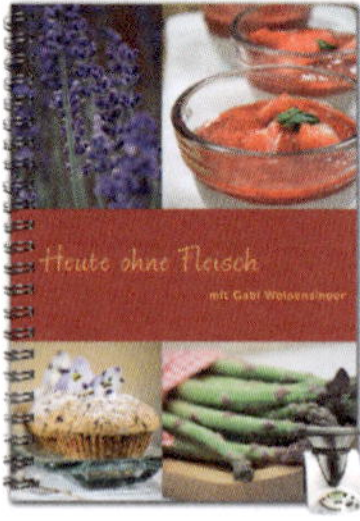

HEUTE OHNE FLEISCH

Backen und Kochen ohne Fleisch. Mit Obst und Gemüse, leicht und lecker durch den Tag.
Best.-Nr. 025 • Preis € 16,50
BUCH MIT FOTOS!

SÜSSES BACKWERK

Ein Standardwerk mit Grundrezepten für alle gängigen Teige. Obstkuchen, Apfelkuchen, herzhaftes Gebäck uvm.
Best.-Nr. 013 • Preis € 12,-

Neue Kochbücher – Jahreszeiten Teil 1 + 2

Lassen Sie sich in Zeiten der gut sortierten Supermärkte und jederzeit erhältlichen Erdbeeren in die frische saisonale Küche von Gabi Wolpensinger entführen.

Bereits unsere Urgroßeltern kochten mit den Jahreszeiten. Nicht aus dem Ernährungsbewusstsein heraus, sondern weil es einfach preiswerter war, saisonales Obst und Gemüse frisch vom Markt zu kaufen. Und dorthin möchten wir auch Sie ein Stück weit mitnehmen.

Alle Rezepte sind mehrmals erprobt und mit viel Hingabe zum Detail von Gabi Wolpensinger fotografiert. Wichtige Schritte wurden in Bildern festgehalten. In den Rezepten finden Sie alle notwendigen Angaben wie Zeit und Stufe für die Zubereitung mit dem Thermomix.

Kapitelübersicht Teil 1: Backen, Aufstriche, Salate, Gerichte im Garaufsatz, Suppen, Hauptgerichte, Getränke, Desserts, Rund um´s Grillen, Dipps.

Kapitelübersicht Teil 2: Salate, Suppen, Gerichte im Garaufsatz, Aufstriche, Dessert, Backen herzhaft und süß, Getränke, Gewürze.

In unserem Shop finden Sie das Inhaltsverzeichnis und die Musterseiten.

In unseren Rezepten finden Sie alle nötigen Informationen.

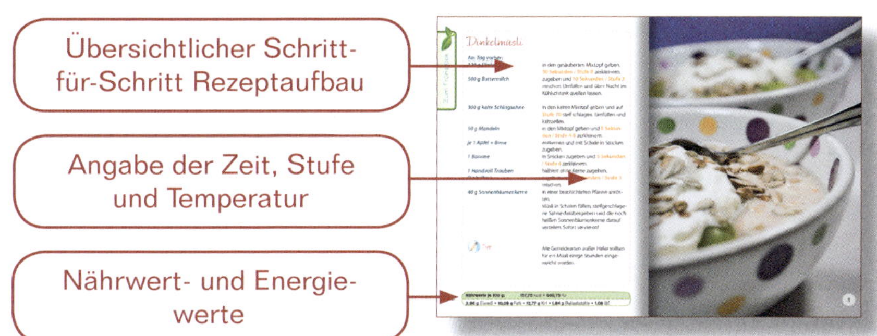

Übersichtlicher Schritt-für-Schritt Rezeptaufbau

Angabe der Zeit, Stufe und Temperatur

Nährwert- und Energiewerte

Das bieten wir an:

- Kochbücher für Thermomix® TM31 oder TM21.
- In den Rezepten sind alle notwendige Angaben für die Zubereitung im Thermomix angegeben (Stufe, Temperatur und Zeit).
- Alle Bücher sind als praktisches Ringbuch im A5-Format gebunden und lassen sich dank der stabilen Spiralbindung um 360° umklappen.
- Viele Bücher beinhalten Nährwerte, damit Sie die Punkte mit dem Kalkulator selbst ausrechnen können.
- Die neuesten Bücher haben hochwertige Fotos zu jedem Rezept.
- Inhaltsverzeichnisse und Musterseiten zum Blättern in unserem Internetshop.

NEUE BACKIDEEN
Eine große Vielfalt an Backrezepten für Brot, Brötchen, Kuchen, Torten Plätzchen, Weihnachtsgebäck uvm.
Best.-Nr. 027 • Preis € 18,50
BUCH MIT FOTOS UND SCHRITT-BILDERN!

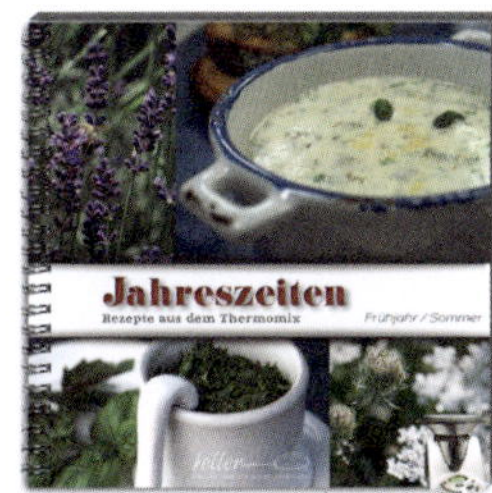

JAHRESZEITEN FRÜHJAHR/SOMMER
Saisonale Rezepte für Salate, Suppen, Hauptgerichte, aber auch süßes Gebäck.
Best.-Nr. 028 • Preis € 18,50
BUCH MIT FOTOS UND SCHRITT-BILDERN!

JAHRESZEITEN HERBST/WINTER
Kochen mit den Jahreszeiten. Eine Besonderheit sind Rezepte für selbstgemachte Gewürzmischungen.
Best.-Nr. 029 • Preis € 18,50
BUCH MIT FOTOS UND SCHRITT-BILDERN!

KÜCHENHILFEN AUS SILIKON

Wir bieten viele Küchenhilen aus Silikon, hitzebeständig bis 260°C und spülmaschi-nengeeignet. Leicht zu reinigen. Lieferbar in mehreren Farben.

PRAKTISCHE SCHNEIDEBRETTER

Anti-rutschfeste Schneidebretter in ver-schiedenen Farben. Der beste Schutz für Ihre Messer.

DAUERBACKFOLIEN UND BACKFORMEN-EINLEGER

Wiederverwendbare Backfolien - braun, schwarz und silber mit unterschiedlichen Backeigenschaften.

MUFFINSFÖRMCHEN AUS SILIKON

Beim Teigeinfüllen halten sie „Stand". Beim Backen läuft nichts aus. Und dann in der Spülmaschine waschen und wieder be-nutzen.

GÄRKÖRBCHEN AUS HOLZSCHLIFF

Körbchen aus heimischen Naturprodukt zum Gehen der Brotteige.

MINIMUFFINSFORM MIT DRÜCKER

Für kleineTartes, Muffins, Fingerfood und andere „kleine" Ideen. Rezepte finden Sie z. B. in unse-rem Buch „Neue Backideen".

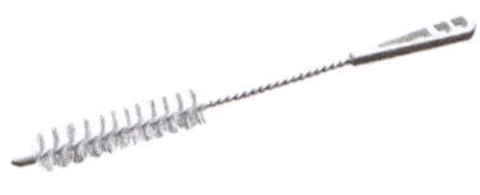

REINIGUNGSBÜRSTE FÜR TOPFMESSER

Eine kleine Bürste, genau passend unter die Mixtopfmesser. Die Borsten haben genau die richtige Härte, um wirklich alles sauber zu reinigen.

Weitere Spezialangebote fin-den Sie auf unserer Homepage:

www.tm-kochbuch.de
oder
Hotline 07044 901170

DEKO-QUEEN

Ein Set zum Dekorieren von CupCakes, Kuchen und Des-serts, mit großer Stern- und Lochtülle aus Edelstahl.

VERSCHIEDENE BACKFORMEN

Wir bieten eine Auswahl an verschiedenen Backfor-men mit langlebiger Beschichtung an.

keller
VERSAND- UND VERLAGSBUCHHANDLUNG